成約率80%！
トップセールスの
「価値観営業」メソッド

加賀田裕之
HIROYUKI KAGATA

きずな出版

巻頭資料の使い方

【4つのステップに分けて使用する】

ステップ1：14分類(巻頭資料1)を覚えなくてもいいので、大まかに理解する。

ステップ2：14分類のバリューワード(巻頭資料2)をザッと見てどのような価値観があるかを見る。

ステップ3：商談時、顧客のワードから、どの価値観を重要視しているかを把握する。

ステップ4：営業台本に顧客が求めている価値観を満たすトークに改善する。

【注意点】

◉一つのバリューワードから一つの価値観ではない。文脈から読み取ることが必要。

◉バリューワードは時代と共に変化する。

◉14個それぞれに当てはめたトークを作るのが理想だが、あなたの商品サービスによって多く使うワード、そのお客さんによって使うワードがあるので商談後に作成し改善する。

◉使ったワードから、どの価値観を重視しているかわかるので、価値観一覧表の中から、対象となる価値観のワードを複数入れてトークを作る。

◉初回面談で、その場で決める際には、価値観の表を見ながら推測する。

◉自分の商品サービスによって、使うバリューワードの種類は決まってくるので、次回のために営業台本を作っておく。

	価値観名	内容
1	権力	他者の意思や行動を、自らの意図に沿って変更させる能力や影響力。地位や権力、名声を求める。特別感。
2	冒険挑戦	新しいこと、未知なること、高い目標にチャレンジしたい。刺激を求める。競争して勝ちたい。
3	本能快楽怠惰休息	身体が求める欲求を満たしたい。怠けたり休んでいたい。楽しみたい。気持ちよくありたい。
4	損得経済	無駄を減らし、効率良くやりたい。出費を減らし利益を増やしたい。物や時間を得たい。
5	自己実現	心の中にある理想を実現したい。人間的成長。自分自身を表現したい。
6	倫理正義	人として正しいものを追求したい、守りたい。他者や社会に尽くしたい。
7	身体の健康	身体の健康を求める。元気でいたい。調子が良くなりたい。病気やけがを治したい。
8	美的審美	美しさを追求したい。美的価値を重んじる。芸術作品などの美的な対象を受け入れて深く味わう。
9	伝統歴史	先人が遺したもの、長く受け継がれたもの、昔から変わらずあるものを重要視する。
10	理論知的	知を求める心、論理的に整理され、頭の中がクリアな状態でありたい。
11	社会	人とのつながりによって成り立つ共同体へのかかわり。
12	精神霊的宗教	スピリチュアル、運命的なものを感じる。人智を超えた神聖なもの、宗教的なものを大事にする。
13	安心安全	危険がない状態でありたい。ストレスをなくしたい。安心していられて、安全な状態をキープしたい。
14	人間関係	人とのつながりを大切にする。心地よい、幸せになる関係性を求める。

1．権力

①歴史を作れる（歴史に刻まれる）
②力強さが手に入る
③王者になれる
（王になれる、王冠をかぶれる）
④勇敢な印象を与えられる
⑤優越感を得られる
⑥名誉が手に入る（名声が手に入る）
⑦命令できる
⑧威厳を保てる
⑨部下に格好つけられる
⑩堂々と振る舞える（堂々とできる）
⑪代表になれる
⑫有名になる
⑬勢力を伸ばす
⑭成功者になれる
⑮承認欲求が満たされる（承認される）
⑯称賛される
⑰自分の城を築ける（自分の国を持てる）
⑱思うがままに動かせる（思い通りになる）
⑲思い通りになる（司令塔になる）
⑳支配できる

2．冒険挑戦

①掟を破れる
②勇敢に立ち向かえる
③競合に勝てる（競合が追いつけなくなる）
④未知なる世界へ飛び込める
⑤閉塞感を打ち破れる
⑥物語の主役になれる
⑦非日常感を味わえる
⑧新記録に挑む（ハードルを超えられる）
⑨知らない世界を知れる
⑩ギャンブルに勝つ
⑪新発見できる（パイオニアになれる）
⑫常識から解き放たれる
⑬勝負に挑める（勝負に勝つ）
⑭捨て身の覚悟でぶつかれる
⑮刺激的になる
⑯型破りである
⑰禁断の扉を開ける
⑱野心を燃やせる
⑲打倒できる
⑳勝利する

3．本能快楽怠惰休息

①贅沢できる
②欲望に正直になれる
③陽気になる
④愉快になる
⑤夢中になれる
⑥本能を開放できる
⑦没頭できる
⑧美味しく感じる
⑨性的な魅力を感じる・
感じさせる（官能的になる）
⑩性欲を満たせる
⑪背徳感を味わえる
⑫休みがとれる
⑬睡眠欲を満たせる
⑭心が満たされる
⑮食欲を満たせる
⑯刺激的である
⑰興奮する
⑱快感を得られる
⑲活き活きできる
⑳開放感を味わえる

4．損得経済

①利益が増える
②稼げる
③富が手に入る
④無駄をなくせる
⑤費用対効果が高くなる
⑥繁栄できる
⑦売上が上がる（売上が改善する）
⑧年収が上がる
⑨貯蓄できる
⑩大きなリターンが手に入る
⑪赤字から脱却できる
⑫生産性が上がる
⑬収益化できる
⑭需要が増える
⑮時間を短縮できる
⑯支出が減る
⑰合理的に進められる（合理的になる）
⑱財政が改善する
⑲効率化できる
⑳節約できる

7.身体の健康

①防御できる（怪我をしない、怪我に気をつける）
②身体を労わる、身体をととのえる（サウナ）、温泉
③熟睡できる、質の良い寝具をそろえる
④不調に気づける（健康診断、人間ドック）
⑤朝日を浴びる、散歩する
⑥疲労回復できる（休養できる）
⑦痛みを除去できる
⑧禁煙、禁酒
⑨運動する（筋トレする、ジムに行く、
ジョギングする）
⑩節度のある生活を送れる（早寝早起き、腹八分目）
⑪深呼吸できる
⑫サプリメントを摂取する
⑬食生活に気をつける（食事のバランス）
⑭ダイエットする、体重を落とす、
コレステロールに気をつける
⑮血糖値に気をつける（GI値のコントロール）
⑯元気でいられる
⑰健康的になる
⑱血圧に気をつける
⑲グルテンフリー・米粉・マクロビ等の食事をする
⑳整体・接骨・鍼灸・マッサージに行く

8.美的審美

①綺麗になる（容姿端麗になる）
②麗しさが手に入る
③美容整形を受ける
④歯科矯正（マウスピース）を受ける
⑤魅力的になる（美容院に行く、
ファッション、化粧、脱毛）
⑥美ボディになる（ボディメンテナンスをする）
⑦美を追求できる、美意識を守れる、
美しさに磨きがかかる
⑧美術館に行く（美しい風景を見に行く）
⑨格好良くなる
⑩痩せられる
⑪声が良くなる
⑫清潔になる
⑬整理される
⑭心が美しくなる
⑮所作が美しくなる
⑯若々しくなる
⑰センスが良くなる
⑱言葉が美しくなる
⑲礼節を守れる
⑳姿勢が良くなる

5.自己実現

①理想を実現できる
②未来を変えられる
③本当の自分に出会える
④独立できる
⑤達成感を得られる（達成できる）
⑥他人が気にならなくなる
⑦創造性を発揮できる
⑧壁を越えられる
⑨成功できる
⑩自分を解放できる
⑪人生を変えられる（人生を楽しめる）
⑫人生をデザインできる
⑬人生の師が見つかる
⑭進歩できる（改善する）
⑮進むべき道がわかる（目標が見つかる）
⑯真の力に覚醒する（潜在能力の解放、
向いているものに気づく）
⑰心の声に正直になれる
⑱新境地を開拓できる
⑲実力を開花できる
⑳トラウマから解放される

6.倫理正義

①倫理感を守れる
②利他的になれる
③奉仕できる
④平等を実現できる
⑤他者から喜んでもらえる
⑥品行方正でいられる
⑦道徳を大切にできる
⑧動物保護に貢献できる
⑨動物を救える
⑩調和を大切にできる
⑪正義を守れる
⑫自然保護に貢献できる
（自然を大切にできる、
自然にやさしくなれる）
⑬争い事をなくせる
⑭地球規模で考えられる
⑮誰かの役に立てる
⑯大切な人を守れる
⑰多様性を守れる（多様な視点を持てる）
⑱他人の役に立てる
⑲他人の助けになれる
⑳他人にやさしくなれる

9. 伝統歴史

①歴史を感じる
②老舗感がある
③名門の一員になる
④未来に語り継がれる
⑤伝統的である
⑥代々受け継げる
（精神的なものを引き継ぐ）
⑦古き時代の良さがある
⑧技術を継承できる
⑨懐古的になれる
⑩遺産を残せる
⑪クラシカルになる
⑫ヴィンテージ
⑬トラディショナルになる
（正統である）
⑭バトンをつなげる
⑮ブランド力がある
⑯ルーツをたどれる
⑰家柄を守れる
⑱郷土を誇れる
⑲名勝地を見に行く
⑳血統を守れる

10. 理論知的

①論理的になる
②マニュアル化できる
③理路整然としている
④無駄を省ける
⑤法則化できる
⑥評価できる
⑦比較できる
⑧博識になれる
⑨頭脳明晰になる
⑩抽象化できる
⑪体系的に学べる
⑫戦略を立てられる
⑬推測できる
⑭真相を究明できる
⑮合理的である
⑯攻略パターンを見い出せる
⑰効率化できる
⑱計画を立てられる
⑲議論できる
⑳基準化できる

11. 社会

①街の落書きを消す
②地域の防犯パトロール活動をする
③地域の情報を伝え合う（回覧板）
④住みやすい街づくりの活動をする
⑤法律を守れる（守られる）、規律を守れる（守られる）
⑥デモに参加する
⑦コミュニティを作る、コミュニティに参加する
⑧地域クラブ（サッカー、野球）のお手伝い
（監督、審判など）
⑨介護・福祉施設での傾聴活動
⑩盆踊り・街おこしに企画参加する
⑪同じ釜の飯を食べる
⑫中立でいられる
⑬公共施設を作る（整備する）
⑭ゴミ拾いに参加する
（公共のトイレ、公園、海岸など）
⑮常識を持てる
⑯組織に所属する
⑰共生できる
⑱他人と同じになれる
⑲子どもたちの登下校時の見守り
⑳児童館等での子どもの読み聞かせ

12. 精神霊的宗教

①霊感が働く
②不思議な力に導かれる、
セレンディピティに出会う（促す、生み出す）
③必然である（運命を感じる、運命的である）
④数珠を身につける、仏像、聖書、十字架
⑤天国に召される
⑥第六感が働く
⑦前世から約束されていた（カルマを感じる）
⑧神様が見てくれていた
（神様に見守られている）
⑨神聖である
⑩真理である
⑪心の支えになる
⑫信仰がある、神社にお参りに行く、滝行に行く
⑬呪縛（因縁）から解放される
⑭浄化される、クレンジングする
⑮祈る、瞑想、メディテーション
⑯悟りを得られる
⑰オーラを感じる
⑱救世主が現れる
⑲気の流れがよくなる
⑳奇跡が起きる（奇跡を起こす）、運命的である

13. 安心安全

①いざという時の準備ができる
②イージーモードになる
③エラーをチェックできる
④和やかである（和む）
⑤落ち着ける、落ち着きが手に入る
（焦りが消える）、落ち着いて暮らせる
⑥予備が手に入る
⑦予定調和である
⑧憂いがなくなる
⑨防御できる、防衛できる
⑩法に守られる
⑪保護される
⑫保険をかけられる
⑬平和に過ごせる
⑭平均点がとれる
⑮平穏である
⑯怖い思いをせずに済む
⑰評価が気にならなくなる
⑱悩む必要がなくなる、悩みがなくなる
⑲逃避できる、逃げ場所が作れる
⑳定期収入がある

14. 人間関係

①友人が増える（友人ができる）
②補完し合える
③付き合う人を選べる
④仲良くなる（仲良くいられる）
⑤仲間を信じられる
⑥仲間と一緒に楽しめる
⑦仲間ができる
⑧仲を取り持つ
⑨モテる（同性に、異性に、あらゆる人に）
⑩地域の付き合いが良くなる
⑪知人が増える
⑫団らんの時間を持てる
⑬誰からも好かれる
⑭他人から好かれる
⑮他人から感謝してもらえる
⑯相思相愛になれる
⑰想いが伝わる
⑱人付き合いのストレスが減る
⑲人間関係が良くなる
⑳人付き合いが良くなる

はじめに

あなたに会えるこの時をずっと、待っていました。

あなたはもしかしたら、こんな風に悩んでいませんか？


「自分なりにもう、十分頑張っている。なんで売れないんだろう」

「上司から怒られて、ストレスいっぱい。もうつらい、やめたくなる」

「商品説明はできる、前後の商談ができない。そこで失注している」

「教えてくれない、自分もわからない。誰か教えて欲しい」

「時間がない、一番カンタンな、売れるノウハウを知りたい」

「あの先輩みたいに、なんでうまいトークが、できないんだろう？」

「どんなトークをしたら、お客さんにささるの？　ぜんぜん、手応えがない」

「営業をやったことがない。自己流でやって、まったく結果が出ない。」

「お願いセールスはイヤ。ゴリゴリはもっとイヤ。心理を使って売りたい！」

「悔しくて泣いたら、『女の武器を使うな』。上司を見返したい！」

「トップ営業は、どんな心理を使ってるの？　誰か教えてほしい！」

もしあなたが**営業マネージャー**のように**管理する立場**であれば、

「営業部の数字が上がっていない、上司から怒鳴られる。ストレスでノイローゼ気味」

「トップ営業も勘とセンス、『背中をみて学ぶ』スタイル。マニュアルや営業台本もない」

「トップセールスがいきなり辞めた。自分は営業できない。改善点の見当もつかない」

「売れない部下が多すぎ、全部の商談に同席してフィードバックする時間もない。そもそも自分に教える自信がない」


このような悩みを抱えて苦しんでいないでしょうか。

もし、今の営業やマネジメントに満足しているのであれば、この本はあまり役に立たないかもしれません。なぜならこの本は、知識を学ぶためでなく、あなたの営業力を飛躍的に向上させ、人生を変えるためのものだからです。

とはいえ、この本はよくある営業本のように、トップ営業の経験談や、その場しのぎの応酬話法、根性論を説くものでもありません。

お客様にも自分にも、ストレスを感じずに、自然と「欲しい！」と言ってもらえるような、ブレない**「軸」**、つまり**営業の「型」**を見つけることがあなたには大切なんです。

前著『営業は台本が9割』では、「何を（What）話すか」、そして『トップ営業が密かにやっている最強の会話術 SIX MENTAL READING』（ともにきずな出版）では「どのように（How）話すか」を、最新の購買心理を活用した営業台本（トークスクリプト）としてお伝えしました。

でも、基礎はわかったけど「**自分の営業台本**をどうやったら作れるか？」「**応用**するのがひとりではむずかしい」というお声をいただきました。

わかりました。

それならば、さらに実践的な内容をお伝えしましょう。台本営業®研修で実際に教えているノウハウ「型」を、ワーク形式で実習して、あなたが身につけられるようにします。カンタンです。楽しく一緒に営業台本を作り上げましょう。

これを読むことで、**営業をされている**あなたは、

・購買心理を活用した営業の『型』を体得。営業台本の力で成約率を80％上げる！
・営業力を上げることで人生を変える！　人生の主導権を取り戻す！

営業マネージャーのあなたは

・営業台本でトップ営業の「売れる架電・商談」を再現することができるようになる。商談に同席しなくても部全員の指導ができるようになる！

・営業台本でまず練習してもらうので、毎回同席しなくてすむ。次に、ロープレを通じて指導できるので短時間・効率的に営業部の売上が上がる！

「商品も良い、サービスも良い。お客様への思いも、ちゃんとある。一生懸命やってる、でも売れない。足りないのは、なんだろう？」

そんなあなたに、今、本当に必要なものは、ズバリ**「売れる営業台本」**です！ **最新の購買心理の「型」を活用した営業台本**があれば、成約率を80%にまで引き上げ、トップ営業への道が開けます！

この本では、あなたと一緒に以下のことを実現していきます。

・最新の購買心理の「型」をしっかりと活用

- **売れる営業台本（トークスクリプト）を作成**
- **ワークを通じて、カンタンで楽しく体得！**

本書は、２部構成になっています。

第１部理論編で、「価値観営業」のアウトラインがわかります。第２部実践編で、商談の５ステップにそって、自ずと価値観営業を身につけることができるようになっています。

注意点が一つあります。これから具体例、具体的トークが沢山出てきますが、「自分の商品サービスに当てはめると、どう応用できるか？」と考えながら進めてください。

さあ、スタートです。

一緒に、営業力を上げ、人生を逆転させましょう！

台本営業®（価値観営業メソッド）実践者の声

◉国内生保営業　池田さん

台本営業®メソッドを知る前は、感覚だけで話していたのでその日のノリで決まる決まらないがあったんですが、ミッショントークの作成など、購買心理を活用した営業台本を作成することで決定率が高まりました。『型』ができたので客観的に自分を振り返ることもでき、定期的にブラッシュアップすることで改善スピードが高まりました！　おかげさまでその年初MDRTに！　今は2・9倍です！　COTにあとちょっとに迫りました！

◉株式会社ヤマジホーム　取締役　山路涼介さん

台本営業®メソッドの「ニーズの深掘りウォンツアップ」で、「家づくり」をしっかり考えてもらえるきっかけになっています。具体的には「他の会社のお客様の失敗事例、後悔や、嫌な思いをされていた」お話しすると「聞く体勢」になってくれ、自信をもって営業できています！　前期よりも成約率が上がり、今期、目標達成のペースです！

●国内生保営業　佐藤さん

月1件も危うかった。やり方がわからなかった。会社にいる意味がわからなかった。営業できない自分に価値がわからなかった。周りの人がよく見えて、自分が無力に感じた。だけど「型」決めや反論解決ができたあとは頭を使わずに展開できるので、1日に何アポもこなせるようになった！　どんな言葉がきても、用意してる答えを伝えるだけ、営業が怖くなくなった！　型が決まっていれば応用も効く。新契約月10件！　東京でお客様数3カ月で1000人中1位！　年間の成績は3倍になった！　部下40人の所長代理になった！　若手の育成でメソッドがとっても役立ってる。人生での醍醐味を感じる！　とにかく嬉しい！　生きてる意味を感じる。

●外資系生保営業　坂井さん

月収10万円もない、45歳、人生後がない。退職したら正社員は厳しい、ずっとアルバイト生活じゃ暮らせない。子どもが高校受験、子どもの人生もどうする？　不安でいっぱい。ミリオンセールスアカデミー®に入会して、お客さんの購買心理を考えて、断られない営業台本を作り上げた。「無限連鎖紹介」「職域の展開」「セミナー営業」「6タイプ別アプローチ」。毎月コンスタントに10件以上！　約1年でMDRTになりました。2年連続でMDRTになり、実績を買われて所長。採用した部下も同じ台本で連続MDRTに！やればできる！　やりたいことが、できるようになってきた！

●社会保険労務士法人　閃光舎　井上さん

クロージングが決まらず悩んでいました。そもそも、「体系的に営業を学んだことがない」というのが課題。台本営業®研修で「型」ができたので、「じゃあ、ここをちょっとロープレしようか」とか、自分たちの弱点を見直すことができました。月々の受注が約10件だったのが、月20件。再現性を持ってできるようになりました！　先月は、21件新規の契約が決まりました！　ありがとうございます！

●国内生保営業　大月さん

生命保険24年なんですが、「生活できればいいな。食べられればいいな」とずっと低空飛行だった。定年間近で子どもも巣立った。「せっかくこの世界に入ったので、頑張ってみたい！」ここで一念発起して、営業台本を作成。運用から入って保障。保障から入って運用など単品で終わらず、紹介もいただけるようになりました！　給料も1000万円を超えて、MDRTの基準もクリアしました！

●外資系生保営業　Yさん

MDRTはほど遠い存在で、狙ったこともなかったんですが16年目で初めてMDRTになることができました！　新人ではないので社内で勉強する場もなく、その時のノリで販売していたのですが、購買心理を活用した営業台本を作成することで、それから4年連続MDRT達成！　今年はMDRTグローバルカンファレンスドバイ大会に参加しました！　めちゃくちゃ楽しいです！

●保険代理店営業　笠井さん

「手取り20万ない、子どもの学費どうしよう」悩む日々が、月にAC200万達成しました！　営業に困った時一番即効性があるのは、「何を話す」か。「営業台本」を変えれば困っていたことが嘘のようにうまくいきます！

◉新築住宅販売 SAKAI株式会社　臼井栄仁 代表取締役

営業マンから経営者になり、「自分は売れるけど周りにどう売らせればいいか……」売らせ方に悩んでいた。何でもそうですが、基本の基。土台づくりが結果一番の近道だと感じました。加賀田式メソッドの台本ロープレですね。繰り返し繰り返し台本の練り直しを伴走していただきました。売上は12億から19億7000万円まで飛躍！　いい決算を迎えられました！

◉不動産売買仲介　Yさん

自分も不動産業界に14年いますが、「型」が何も決まっていなかったので、同じパターンの失注を繰り返していました。営業台本で「自分の志」をお客様に伝え、人間関係がしっかり作れて月のお給料が330万になりました！　もちろん毎年、会社トップ賞も！

◉新築マンション販売（上場企業）　Yさん

月に1本とか、もちろん0本の時もありました。「お前のせいで（数字）いかないじゃないかよ！」。つらくて、会社にいるのも申し訳ない気持ちになりました。台本営業®メソッドで「マンションを売る」のではなく「その人のどういうところに大切な価値観があるんだろう」と仮説しながら商談に臨むようになりました。新築マンションを月8件契約！200名中1位！　全国で個人トップ賞に！

●株式会社日本仲人連盟　土橋太郎 代表取締役社長

自己流でその時のノリや気持ちで営業を行い、対応にばらつきがありました。加賀田先生のセミナーを受けて「型をしっかりすることが重要なんだ！」営業資料を調整、ノリや気持ちにもブレにくい「型」を作成、精度が向上、成約率がアップ！　規模感がかなりいい状況です！

●整体院院長㈱パーフェクトフィジオ　吉川彰記 代表取締役

開業6カ月目、リピート率5割に低迷、「また初めの頃に戻るのでは無いか」「いつダメになるか」。一番不安な時に加賀田先生にお会いしました。今では分院展開、多くのスタッフと、年商は5倍に！　5000万超！　加賀田メソッドを信じて良かった！　救われました！

●前田歯科医院　前田一義 院長

売上が月1000万いかなかった。コロナの影響もあり、もうだめかと思った。購買心理を活用した営業台本を作って繰り返し、改善していくことで、売上が過去最高月2000万を超えた！　新記録達成が続いて、めちゃくちゃ嬉しい！

●株式会社 dreamin　みやなりちあき 代表取締役

昔から人と話すことが苦手。料理教室の講座ビジネスで「高単価の講座を作っても売れる？　どのように販売していけばいいの？」悩んでいました。今、営業台本があるので、毎回、自信を持ってお客様とお話することができ、30～100万円の講座やサービスを販売できるようになりました！　成約率が8割になりました！

●株式会社 ACTLAND 中澤日香里 代表取締役

加賀田先生の台本営業®を取り入れて、展示会で新規開拓を始めたところ、顧客0の状態から今では取扱店は600店舗を超えました。台本営業®は再現性が高いので、入社したばかりの新入社員でも契約をいただくことができる素晴らしい技術です。

目次

成約率80%！
トップセールスの
「価値観営業」メソッド

第1部 理論編

第1章 トップ営業の売れる秘密とは？

第2章
お客さんが「欲しい」と言ったものを、売ってはいけない

第3章
トップ営業は見込み客の「価値観」に焦点を当てている

第4章　顧客の価値観から「欲しい！」がわかる

第2部 実践編

ステップ1 4次元ヒアリングで見込み客の「価値観」を炙り出せ！

ステップ2

ニーズを引き出しウォンツアップ「地獄×天国」話法

ステップ3
商品説明は価値観を満たす「ベネフィット(利益)」がポイント

ステップ4

「価値観営業4C分析」で価値観を満たすクロージング

ステップ5

見込み客の「価値観」を満たす反論解決

第1部

理論編

第1章

トップ営業の売れる秘密とは？

トップ営業は、なぜトップ営業なのか

トップ営業は、なぜ売れるんでしょう？
トップ営業は、なぜ見込み客が多いんでしょう？
トップ営業は、なぜ紹介が多いんでしょう？
トップ営業は、なぜ単価が高いんでしょう？
トップ営業は、なぜ優良顧客、富裕層が多いんでしょう？

その秘密はズバリ**「お客さんを買う気、その気にさせている」**からです。

「何を当たり前のことを！」とあなたは思われたかもしれません。実はここに、重要な考えが隠されているのです。

同じように、ダメ営業は、**「お客さんを買う気、その気にさせられていない」**のです。

昭和の営業は、**競合との価格競争**で「いかに安く売るか？」で成り立っていました。平成の営業は、**顧客が求めているものを提供**すれば何とかなっていました。

しかし、多様化・複雑化している今、お客さん自身も問題を、欲しいものをよく解っていない、もやもやしている、もしくは隠しているのです。トップセールスは、お客さん自身もよくわかっていない、もしくは隠している**「真のニーズ、潜在ニーズ」**を引き出し、成約していたのです。

ではどうやったら「潜在ニーズ」を引き出せるのか？　どうやったら「潜在ニーズ」に沿った商談、プレゼンができるか？　が問題ですよね。

私は営業コンサルタントとして、たくさんのセールスマンの営業力アップに取り組んできましたが実は、トップセールスは、意識的か無意識的か、お客さんの**「価値観」を満たす価値提供（セールス）**をしていたのです。「価値観を満たす価値提供（セールス）」を説明する前に「マズローの欲求5段解説」についてお話しします。

マズローの欲求5段階説
何を承認されたいか？

マズローってご存じないでしょうか？　マズローさんはアメリカの心理学者で、「人間主義的心理学」の創始者です。彼は、人間の欲求が段階的に成長していくという理論を提唱しました。これはセールスでも使えるノウハウなのです。

人の欲求は、次の五つの段階に分かれています。

・生理的欲求：食べる、眠る、セックスする……
・安全の欲求：病気・失業などから守る……
・社会的欲求（所属と愛の欲求）：コミュニティに所属したい、仲間に属したい、人とつながりたい。集団の中で役割を果たし、孤独感や不安を防ぎたい……
・承認欲求：他者から認められ、自尊心を満たしたい

トップ営業の心理術！ マズローの欲求5段階説完全攻略！

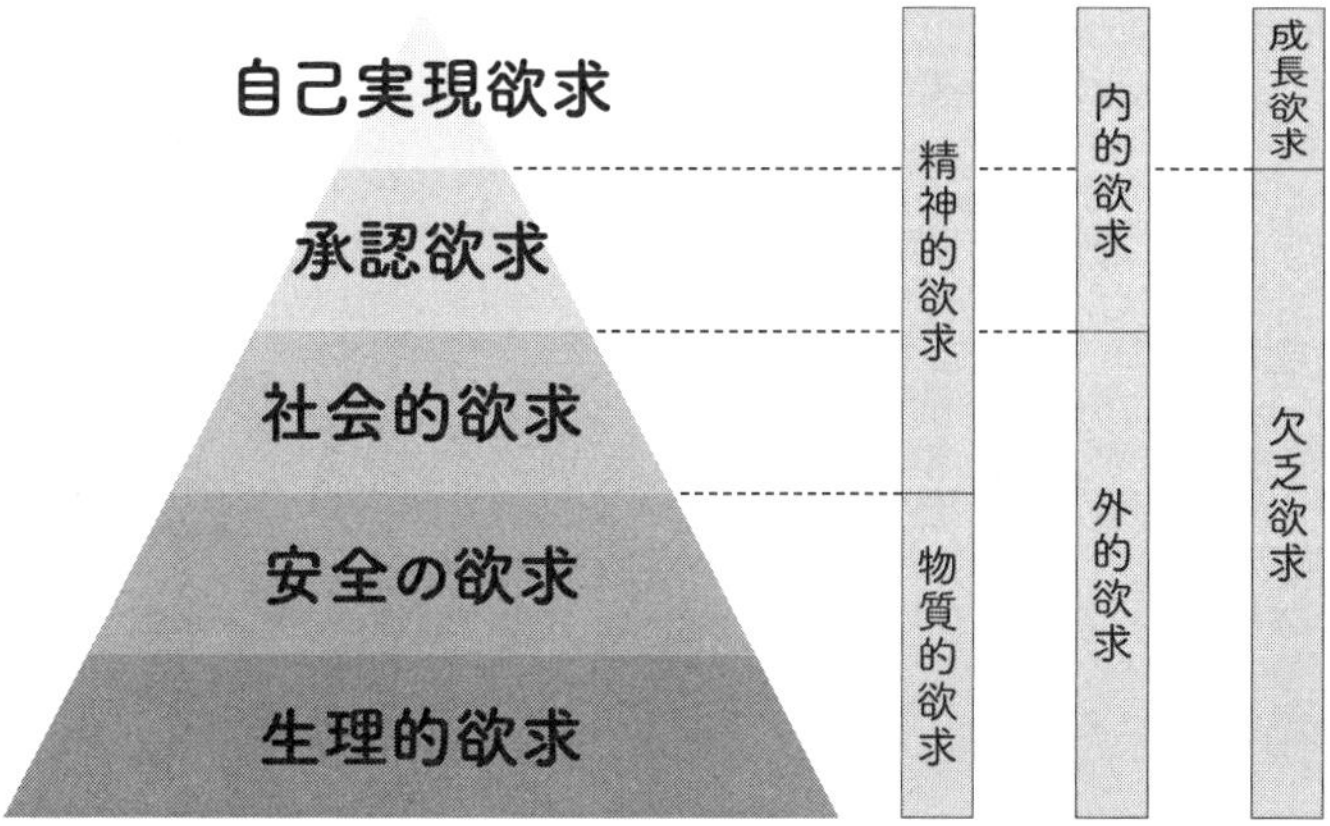

・自己実現欲求：自分の才能を発揮し、理想の自分になりたい。例えば、スポーツや音楽で成功する、出世して社長になる

このマズローの考え方は、セールスにも活かせます。人の欲求を段階的に理解することで、どの段階にアプローチすると効果的かわかるんです。ポイントは、深い承認欲求を満たされることが日常ではなかなかないことなんです。

トップ営業はあなたの「承認欲求」を満たしてくれる

あなたが大事にしている「価値観(仕事観・人生観など)」に焦点を当ててみましょう。「あなたの○○という価値観は、本当に素晴らしいですね」と言われたら、どう感じますか？　さらに「うちの商品やサービスは、あなたの○○という価値観にぴったりです」と言われたら、欲しくなりませんか？

実は、トップ営業はまさにこうやって、お客さんの承認欲求を満たしているのです。あなたも、誰かに認められたくてうずうずしている価値観（仕事観・人生観など）があるはずです。その欲求を、トップ営業はしっかりと満たしてくれるのです。誰もが満たしてくれない「あなたが大事にしている価値観」を尊重してくれるのです。これって、特別な存在だと感じませんか？

ではどうやって？　さらに詳しく説明します。

ニューロジカルレベルの価値観を満たす！

ニューロジカルレベルとは、人間の意識レベルは以下の6階層（レベル）にあるという考え方です。

- レベル6：スピリチュアル（精神・霊）、Being（在り方）、For what（何のために）、For whom（誰のために）
- レベル5：自己認識、Who
- レベル4：信念・価値観、Why
- レベル3：能力、How
- レベル2：行動、What
- レベル1：環境、Where、When

上になるほど（数値が高くなるほど）、その人のアイデンティティともいえる本質的な要素が強くなり、その人への影響力が大きくなります。そして自己認識や価値観の変化が、その後の能力向上や行動変容、環境の変化を生み出しやすくなります。

例えば、「メガネが素敵ですね」と下の「環境レベル」をほめられるより、「○○さんは私の師匠です。尊敬しています」と上の「自己認識レベル」をほめられた方がうれしくないでしょうか？

営業に応用すると、お客さんの「価値観」を満たす「価値提供」をするのが最強なのです。

ニューロロジカルレベル（6つの意識レベル）

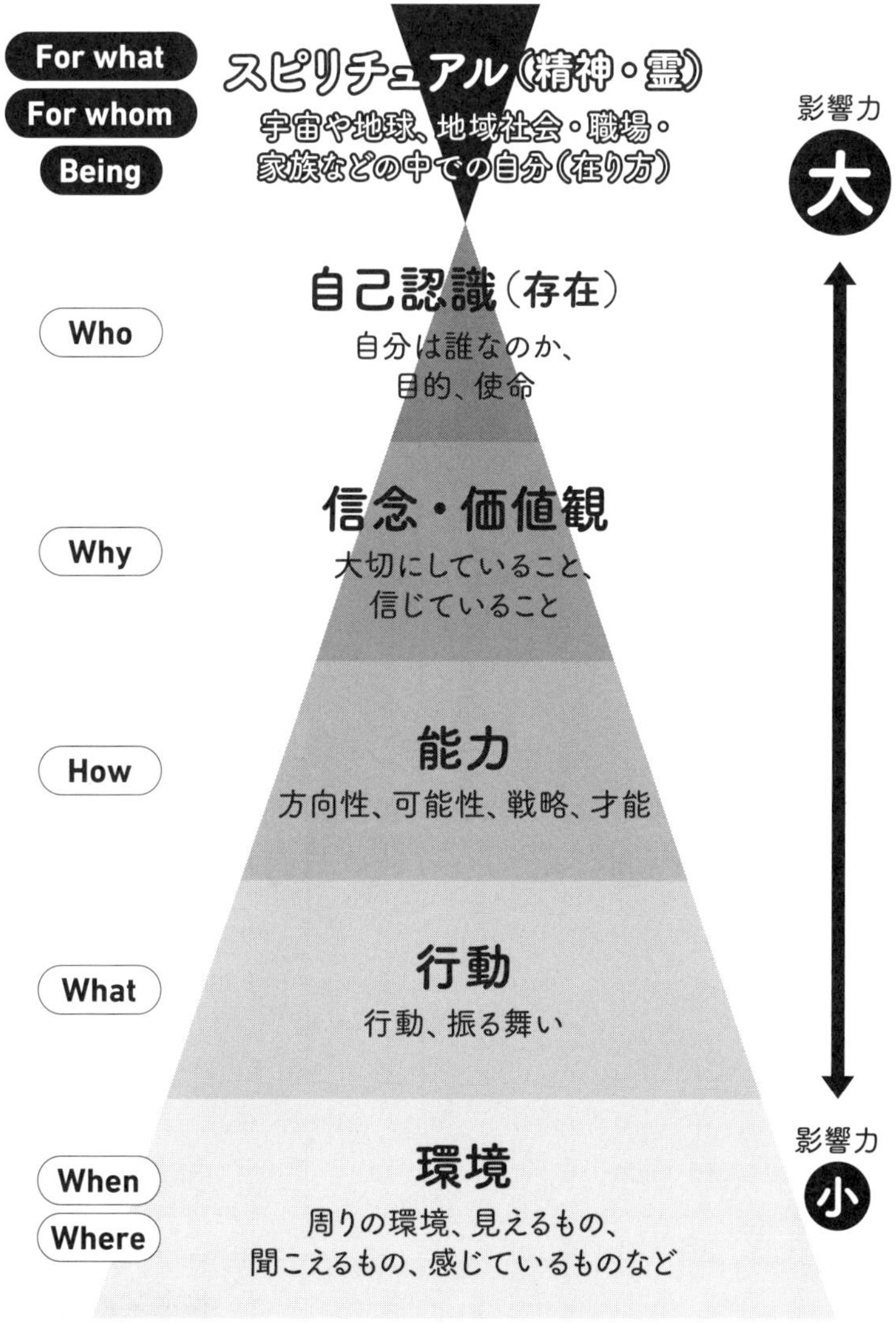

トップ営業が活用しているお客さんの購買心理

×ダメ営業：説明↓理解してもらおう
△普通の営業：説得↓納得してもらおう
○トップ営業：誘導↓自然と「欲しい！」と思わせる

ダメ営業は説明します。どんなに説明しても、お客さんは専門家のあなたほど詳しくないので、決して理解することはありません。説明すればするほど、引かれてしまいます。

普通の営業は、一生懸命、説得します。けれど正しければ正しいほど、人はムカつくのです。子どもの頃、「勉強しなさい！」と言われて、反発したことはなかったでしょうか？

「北風と太陽」の童話と同じです。

では、トップ営業はどうするか？　購買心理を活用するのです。

×話だけでも聞いてください。（営業から）
○ぜひ、話を聞かせてください！（お客さんから）

×この商品はここがすごいんです！（営業から）
○この商品は、ここがすごいですね！（お客さんから）

×買ってください！　お願いします。（営業から）
○ぜひ、買わせてください！　お願いします！（お客さんから）

自然とお客さんから「欲しい！」を引き出すのが購買心理なのです。
その購買心理のキモがお客さんの「価値観」だったのです。

台本営業®フレームワーク①：昔と今の営業の違い

×ダメ営業：説明→商品説明
△普通営業：説得→クロージング・反論解決
○トップ営業：誘導→人間関係構築・ニーズの深掘りウォンツアップ

ダメ営業は、いきなり商品説明をするので、見込み客に引かれてしまいます。

普通の営業は、ゴリゴリのクロージングや反論解決をするので、お客様も営業もお互いにストレスです。

一瞬で「商品を見せてください」「もっと話を聞かせてほしい」と、お客さんの「見たい！知りたい！」という気持ちを引き出すのがトップ営業。

そもそも、営業マンが紹介した商品を『見るか見ないか』『買うか買わないか』は、すべてお客さんの自由。時間を使ってまで見てくれる義理なんて、どこにもないんです。

人間関係構築・ニーズの深掘りウォンツアップがキモ！

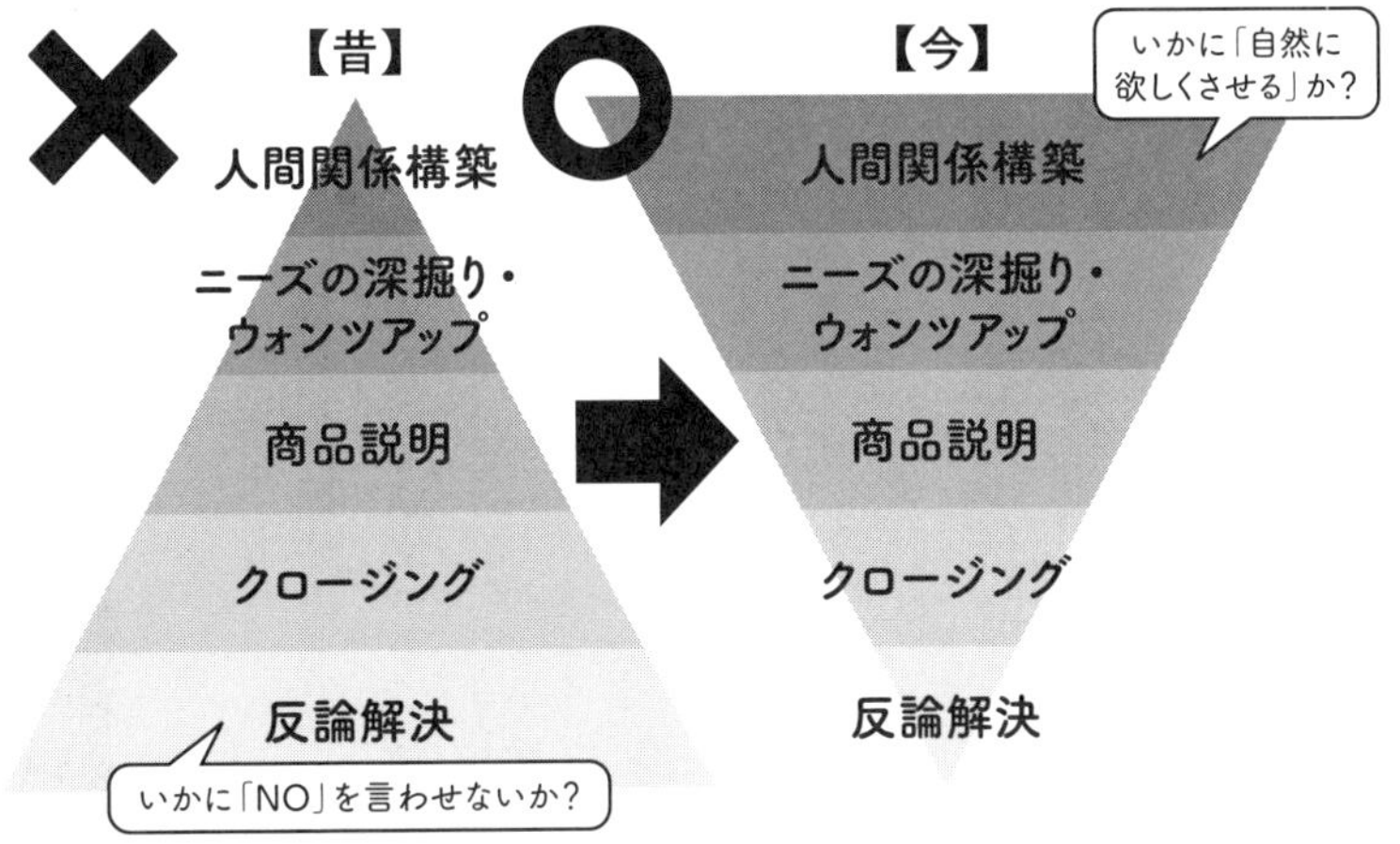

『どうか見てください』なんてお願いした瞬間に、営業マンは自分から下の立場に、お客さんのほうが上になる。人は格下に見た人の話には耳を貸さないし、まして格下に高いお金なんて払わない。（「医者と患者の関係性」『営業は台本が９割』Ｐ84参照）

「買うか？　買わないか？」はお客さんが決めますが、「売ってあげるか？　売ってあげないか？」は営業マンが決めていいのです。

トップ営業は最新の購買心理で人間関係を構築し、ニーズの深掘りウォンツアップをすることでお客さんの方から自然と「欲しい！」を引き出すのです。

台本営業®フレームワーク②：商談ステップ

これから購買心理の中でも特に、影響力の大きい「価値観」を満たすトップ営業のトークを「5つのステップ（型）」ごとにワークにて体得しましょう。

『型』というと、「型どおりになっちゃうのはイヤだな」を思われる方もいらっしゃるかもしれません。でも、九九（公式）が人間性を破壊するでしょうか？　しないですよね。逆に、九九を知らずに算数をやる方が大変です。

『型』がないと『型』無し。
『型』があれば『型破り』になれます。

まず公式・フレームワーク（型）を学びます。

「価値観営業」5ステップで成約率80%!

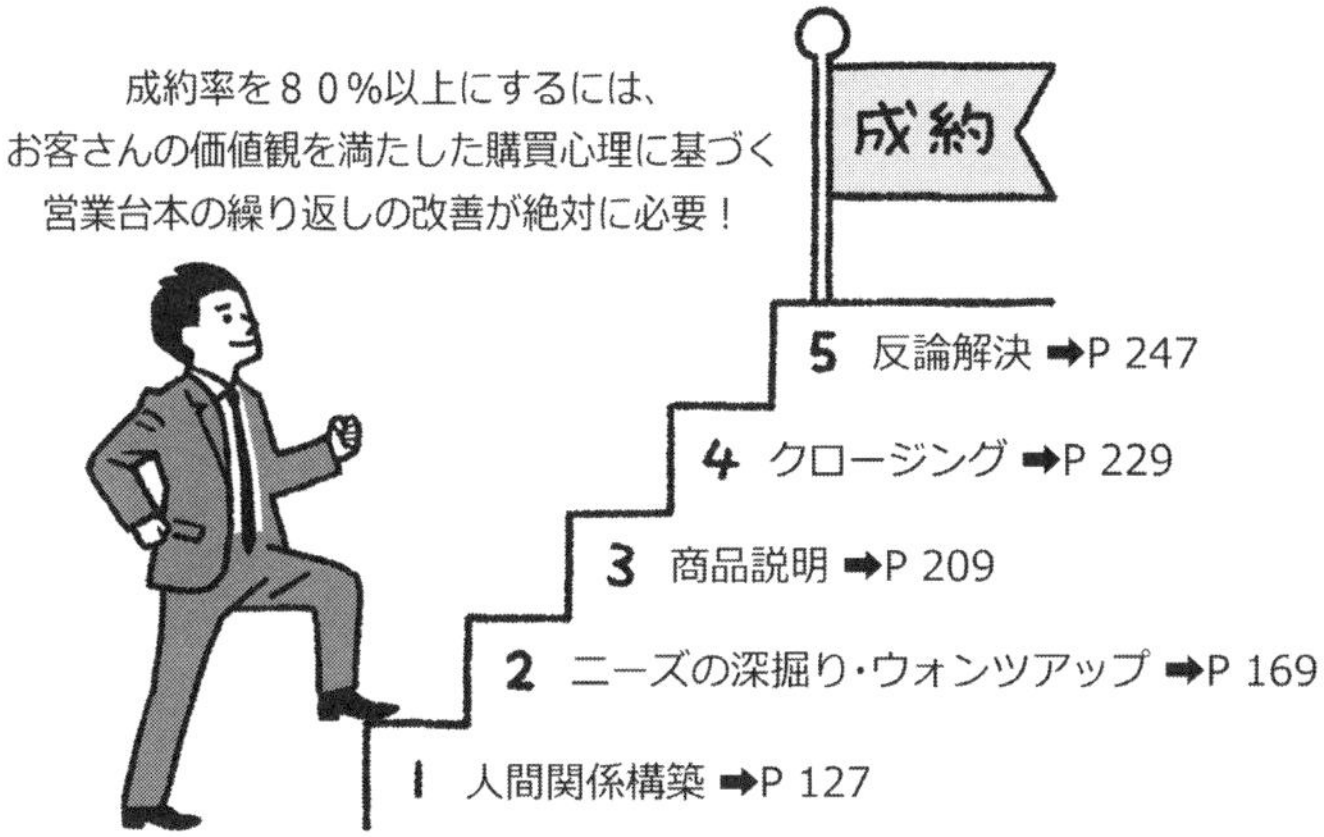

次にワークで点と点を、線に。
線と線を結んで立体にしていくのです!
そして、時空をも超えた「4次元ヒアリング」を伝授します。これを「あなた流」にしましょう。

18個のフレームワーク(公式・型)と12個のワークを学び、成約率を80%!
台本営業®メソッドで営業力をアップして主体性を、人生を取り戻すのです!

第1章のまとめ
アクションプラン

- ☑ トップ営業は顧客の価値観を満たすセールスをしていた
- ☑ マズローの欲求5段階説をセールスに応用
- ☑ トップ営業はあなたの承認欲求を満たしてくれていた
- ☑ ニューロロジカルレベルは6段階ある
- ☑ 説得し、トップセールスは「欲しい！」を引き出す
- ☑ **台本営業® フレームワーク①** ダメ営業は説明し、普通の営業は
- ☑ **台本営業® フレームワーク②** 商談ステップ
- ☑ 営業フレームワークの「型」を身につけよう

第2章

お客さんが「欲しい」と言ったものを、売ってはいけない

お客さんは自分が「本当に」欲しいものを知らない

なんで、お客さんが欲しいと言ったものを提案したのに、失注するんだろう？
トップ営業のヒアリングと、何が違うんだろう？

その秘密をたった1行でお伝えします。

「お客さんは、自分が『**本当に**』欲しいものを知らない」のです。

「そんなこと、ありえない」と思うかもしれませんが、トップ営業のヒアリングの秘密がここに隠されているのです。

では、実際のセールス現場で、どのような形でこれが現れるのか具体的な例を見てみましょう。

お客さん　すみません、**電動ドリル**が欲しいんですけど……。

ダメ営業　はい、いらっしゃいませ。**電動ドリル**ですね。こちらになります。こちらのドリルは、最新の機種で、当店で一番人気です。機能も●●で使いやすいですよ。この機能が最新のこの機種にしかないお薦めポイントです。

お客さん　うーーーん。ちょっと、また来ますね。

実は、これが売れないセールスの典型なんです。

では、普通のセールスは？

お客さん　すみません、**電動ドリル**が欲しいんですけど……。

普通の営業　いらっしゃいませ。**電動ドリル**ですね。どんな作業にお使いになる予定ですか？

お客さん　実は、家の壁に小さなフックを取り付けたくて、**穴**を開けたいんです。でも、どのドリルがいいのかよくわからなくて……。

普通の営業　なるほど。壁にフックを取り付けるための**穴**ですね。もしおわかりになれば、どんな壁材か教えてもらえますか？　石膏ボードとかコンクリートとか……。

お客さん　あ、写真を撮ってきたんですが、これ見てもらえますか？　ネットで調べて、多分、石膏ボードだと思うんですが……。

普通の営業　この壁は石膏ボードですね。壁にフックをつけられるんでしたっけ？

お客さん　そうなんです。家族の写真を飾ろうと思って、小さなフックをつけたいんです。

普通の営業　それなら、**ドリル**を買わなくても十分ですよ。小さな穴なら、**キリ**を使えば簡単に手で開けられます。石膏ボードは柔らかいので、**電動ドリル**じゃなくても問題ありませんよ。

お客さん　あ、**キリ**で開けられるんですか？　それなら、**ドリル**を買うよりも簡単そうですね。

どうですか？　違いがわかりましたか？

ダメ営業マンは、お客さんの言葉をそのまま受け取り説明することで、商品を売り損ねてしまいます。

お客さんは、**ドリルを買いたいのではなく、ただ「壁に小さな穴を開けたい」**だけなのです。だからこそ、ドリルではなくキリが適していることを提案すべきなのです。

仮にお客さんがそのままドリルを買ったとしても、実際にはドリルが不要だったことに気づき、満足度は低くなってしまうでしょう。その結果、リピート購入にもつながりません。ですから、お客さんの本当のニーズに気づき、それに合った提案をすることが重要なのです。

お客さんは「物を買いに来ている」のではなく、「自分の欲求を満たしてくれる手段」を探しに来ているのです。

と、ここまでは、**「レビットのねじの穴」**として『**マーケティング発想法**』（セオドア・レビット著）の中で説明され、後に**「ドリルを売るな、穴を売れ」**として有名な話ですが、これで終わって満足しているのは普通の営業です。

トップ営業は、実は違うんです。

トップ営業　ちなみに、今回、ドリルを買おうと思われたのは、DIY（DO it yourself 日曜大工）とかそうゆうのもご興味あったとか？

お客さん　すごいですね！　わかります？　実は、DIYに挑戦しちゃおうかな？とも思ってたんです（笑）。

トップ営業　素敵ですね！　実はそういうお客さん、多いんです。自分のペースで、好きなように、好きなものを作れるのって楽しいですからね！　例えば、DIYにチャレンジしようと思ったのは何かあるんですか？

お客さん　実は、家を新築しまして（笑）。この機会に**子どもの頃好きだった、ものづくり**にチャレンジしようかと。

トップ営業　うわ！　新築ですか！　うらやましい〜。新しいお家に手作りの椅子とか**クリエイトする、ご自分の世界観を表現する**って素敵ですね！　でしたら、やっぱりキリとかじゃなくて、まず簡単な棚とか椅子とかから作るための、**穴を開けるだけでなくネジとかも締められる「インパクトドライバー」**とか、結構人気ですよ！

お客さん　おー、いいですね！　教えてください！

トップ営業は価値観を満たす価値を提供する

ダメ営業はすぐ**商品説明**する。売り込んでしまうのです。

普通の営業は、**ヒアリング**しますが多くは、表面的なニーズ（偽ニーズ）に対して提案しているだけで、真のニーズではない場合が多いんです。逆に、聞いて聞いて聞きまくるとどうなるか？

例えば、不動産仲介業ですと、駅に近くて、コンビニスーパーも近くにあって、防犯もしっかりしていて、安くて、静かで、近くに病院もあって……そんな理想の物件はないのです。

では、**トップ営業**はどうするか？

ズバリ、お客さんの**大事にしている「価値観」に焦点**を当てるのです。

例えば、ドリルを購入しにきたお客さんは、「仕事では、自分の創作意欲を満たされるような仕事をしていない。小さい頃に学校などでやった大工仕事で、自分の創作意欲を満たしたい」という価値観を持っていたかもしれません。その「価値観」に自社の商品サービスの「価値」を当てはめるのです。

「ドリルを売るな穴を売れ」は普通の営業。トップ営業は、お客さんの大事にしている「価値観」を満たす「価値提供」をするのです。

あなた 「価値を提供する」って、聞いたことありますが、「価値観を満たす価値提供」って、はじめて聞きました！

加賀田 そうなんです！ トップセールスが密かにやっているのが、お客さんの「価値観を満たす価値提供」だったのです。この後、説明するので、ご期待ください！

営業ってなんだろう

加賀田　そもそも「営業」ってなんでしょう。

あなた　え？　お客さんに「売ること」ですよね？

「売り込み」だけと考えると「自分中心・自社中心」ゴリゴリになってしまって、営業職に「誇り」が持てなかったり、後ろめたくなったりしませんか？

そこで、２００５年頃に「問題解決・お役立ち」というコンサルティングセールスの考えが広まりました。ただこれも「お客さん中心」だったのです。

ミリオンセールスアカデミー®では**「営業とは、お客さんの価値を共に創造する」**行為。**「社会中心」**の**創造的な仕事、クリエイティブな仕事、アート、芸術的な仕事**と考えています。**の行為**と考えています。

図で表すと、マイナスをプラスマイナス0にする行為が問題解決・お役立ち。コンサルティングセールスです。0からプラスにするのが**「価値を創造」**する行為です。

あなた　ちょっと、何言ってるかわかんないんですけど。

ですよね。これを説明する時の例えなんですが、私、加賀田は２０１５年12月、１７７センチ、90キロ。いわゆる「わがままボディ」だったのです。

たまたま行った医者Ａにこんな風に言われました。

「加賀田さん糖尿ですよ」

でも、薬を飲むと、自分でも病気だって認めたような感じになるじゃないですか。ですから「薬、飲まなくていいですか？」と聞いたら、「じゃ、薬飲まなくていいですよ」と返答されたので食生活の改善だけで進めていったのです。

そうしたら「もう大丈夫。週５日、どのラーメンを食べるか？」わがままいっぱいの生活に逆戻り。２０１６年６月、寝ていても「もいでくれ」ってくらい左腕が痛くなりました。左の首から腕が、寝てても、もう痛い痛い。

営業は「価値」を生み出す「誇り高い職業」

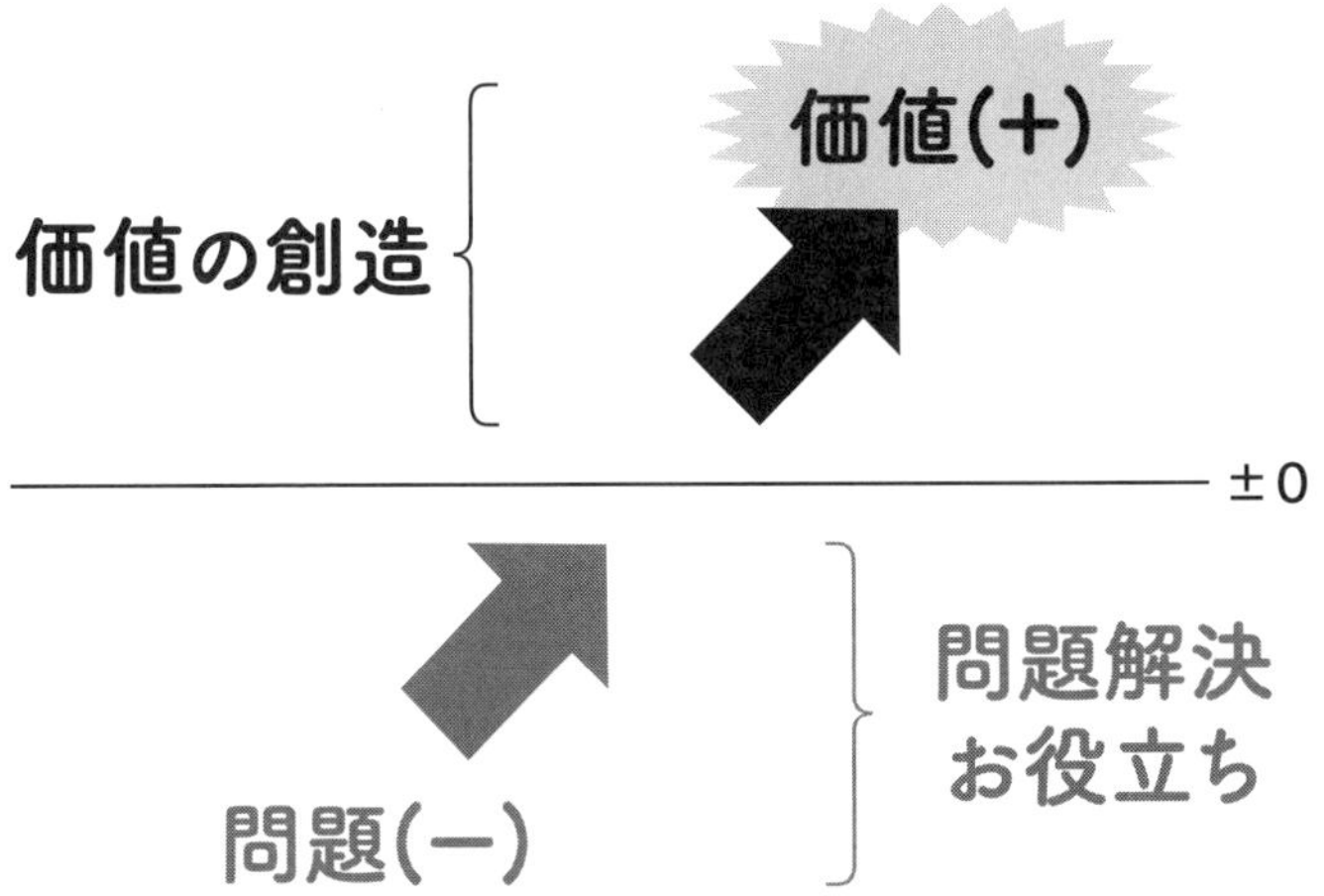

医者のBに行ったら「糖尿です。眼底出血しているかもしれないので、すぐ眼医者に行ってください。血圧を測る機器を買って毎朝測定、後、注射をお願いします」とでっかい注射を出してきました。

「え？　生活習慣を直すだけじゃ、ダメでしょうか？」

「加賀田さん、死んでもいいんですか？　しっかり治さなきゃダメでしょ。家族もいるんでしょ。仕事もあるんでしょ。血糖値はね、今の血糖値と、数カ月前の血糖値がわかるから前から糖尿だったんですよ」と怒られました。

「前のAの医者、ちゃんと説明してくれたらその時、治したのに！」と。

医者のAと医者のB、どちらが良い医者だと思いますか？

あなた　そりゃ、**患者さんのためを思ってくれて、言いにくいこともしっかり言ってくれたB**のお医者さんですよね。

そうなんです。ダイエットしようと決意しました。ある特殊なダイエットがあって、2週間で20キロ痩せたんですが、僕のクライアントさんは男性が多いので、痩せすぎてると頼りなく思われてしまうので、筋トレを始めたんです。

マイナスをプラスマイナスゼロにするのが問題解決。さらに価値の創造をしたんですね。中年のおっさんですが、自己管理してますよ、という、いわゆるブランディングです。

求人広告の営業マンでいえば「採用の成功」がプラスマイナス0。さらに価値を創造するのであれば、例えば、助成金制度を使って、教育研修を導入できますよとか、評価制度を導入できますよ、となれば、「人事全般相談できる営業マン」というブランディングになります。

近江商人の三方良しの心得じゃないですが、

・自己中心：売り手良し
・他者中心：買い手良し
・社会中心：世間良し

目の前のお客様の先にも誰か、お客様がいます。**目の前のお客様の価値を高めることで、お客様がその先の誰か、お客様に貢献**することができます（社会貢献）。

ズバリ、ミッションです。営業の定義を自分だけ、目の前のお客さんだけでなく、もっと広く「社会貢献活動」と考えると誇りがわいて、自信を持って営業活動できないでしょうか？

あなたのミッション（使命）はなんですか？

【社会に対するあなたのミッション（使命）を教えてください】

Q1：あなた（御社）のミッションは？

Q2：それは本気ですか？

「なぜミッションが必要か？」その人がミッションをつくるのではなく、ミッションがその人を創るのを、私たちは潜在意識レベルで知っているからです。

まず大事なのは、**「対自分」**についてです。あなたが営業活動で迷った時に、どう動くべきかの指針になります。目の前の売上とか、短期的な成果に心が揺れそうな時でも、ミッションを思い出せば、ブレずに営業できるんです。次にモチベーション。数字に一喜一憂するんじゃなくて、仕事の意味ややりがいをちゃんと見つけられる。そうすると、自然とやる気も続きます。

そして、忘れちゃいけないのが**「対顧客」**の面です。お客さんに対して誠実で、一貫した提案ができるようになる。そうすると、単なる営業マンじゃなくて、「信頼できる人」としてお客さんから尊敬してもらえるんです。これが、長期的な信頼関係、リピーターの獲得、そして紹介に繋がります。

営業はただ売るだけじゃない。**「自分との約束」**と**「お客さんとの信頼」**、この二つがしっかりしていれば、自然と結果はついてきます。大丈夫。この後の章でじっくりみていきましょう。

第2章のまとめ
アクションプラン

- ×ダメ営業：ただ説明する
- △普通の営業：ただヒアリングする
- ○トップ営業：お客さんの大事にしている「価値観」を満たす価値を提供する
- 台本営業®ワークシート❶ 社会に対するあなたのミッション（使命）を教えてください

第3章

トップ営業は見込み客の「価値観」に焦点を当てている

すごい話し方「ゴールデンサークル理論」話には階層（レイヤー）がある

「トップ営業は、何を話してる？」「どんなヒアリングをしてる？」あなたも気になったことがあると思います。

でもトップ営業は、「何を話すか」以外に実は大きな違いがあったのです。

例えば、スピーチで有名なスティーブ・ジョブスが、アップルの新製品発表会で行っていたのが**「ゴールデンサークル理論」（サイモン・シネック）**。ただの説明ではなく、思いを一撃で伝えるスキルを使っていたんです。

では、具体的にどう違うのか、次の例で見ていきましょう。

◉ダメな説明

まず、よくある間違った説明から見てみましょう。こんなふうに、「WHAT（何を）」から始める場合です。

「ここにiPhoneがあります（WHAT）。薄くて使いやすいです（HOW）。」

どうですか？　情報は伝わりますが、ただの説明に終わってしまっていますよね。心に響かず、商品の良さや作り手の想いが感じられない。これが、ほとんどの人がやりがちな説明方法です。

◉ジョブスのスピーチ

次に、スティーブ・ジョブスの「WHY（なぜ）」から始めるトップスピーカーの「トークの構造」を見てみましょう。

「私たちアップルは、世界を変える製品を作ることを信じています。そのために、シンプルで美しいデザインと、直感的に使える革新的な技術を融合させています（WHY）。

私たちは、電話、音楽プレイヤー、インターネットデバイスを1つに統合し、これまでになかった体験を提供します。タッチスクリーン技術と、ユーザー中心の設計を駆使して実現しました（HOW）。

今日は、電話、iPod、そしてインターネットコミュニケーターが1つになった新しいデバイスをご紹介します。それが、iPhoneです（WHAT）。」

どうでしょうか？「WHY」から始めることで、ジョブスの信念や想いがしっかり伝わってきますよね。単なる製品の説明ではなく、「なぜこれを作ったのか」という根底にあるメッセージが相手に響きます。

そう、まず「WHAT（何を）」から入ると、ただの商品説明に終わってしまいます。しかし、「WHY（なぜ）」から入ると、あなたの想いがしっかり相手に届くんです。人を動かすのは、単なる説明ではなく、想いなんです。

あのスティーブ・ジョブスの話術「ゴールデンサークル理論」

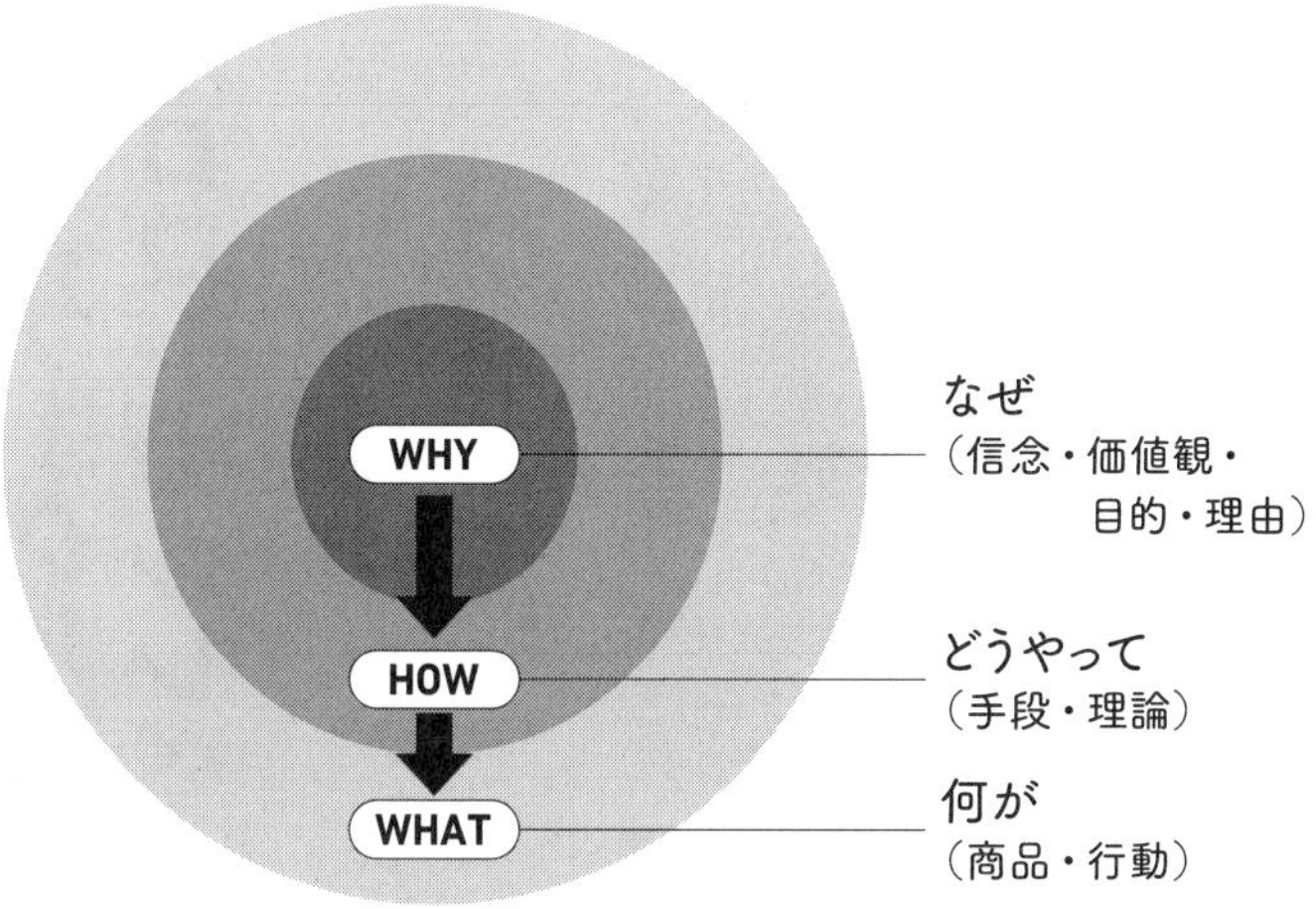

「人の可能性を、束縛から解き放つ」というアップルのWHY（信念・価値観）が「自分自身も、社会に挑戦し、既存のルールに挑み、ビジネスで革新的でありたい」という起業家やチャレンジ精神溢れるユーザーの信念価値観に合致し、一体化したいと支持された。

ゴールデンサークル理論よりすごい！「ニューロロジカルレベル」

「ゴールデンサークル理論」の「WHY（なぜ）」は、ニューロロジカルレベルでいうところの「信念・価値観」に当たります。この深い部分を語ることで、「私はお金儲けだけでこの仕事をしてるんじゃないんですよ。お客さんのため、世の中のためにこの仕事をしてるんですよ」と強固な人間関係を築くことができるんです。

「WHY（信念・価値観）」をしっかり伝えることで、相手の心の深い部分に訴えかけ、行動を促すことができる。それが「ゴールデンサークル理論」でした。さらにトップ営業はもっとすごい話法を使っていたのです。それを「ニューロロジカルレベル」を用いて説明します。

人間の意識構造は6つのレイヤー（階層）があります。

「WHYよりはじめよ」よりすごい「ミッションよりはじめよ」

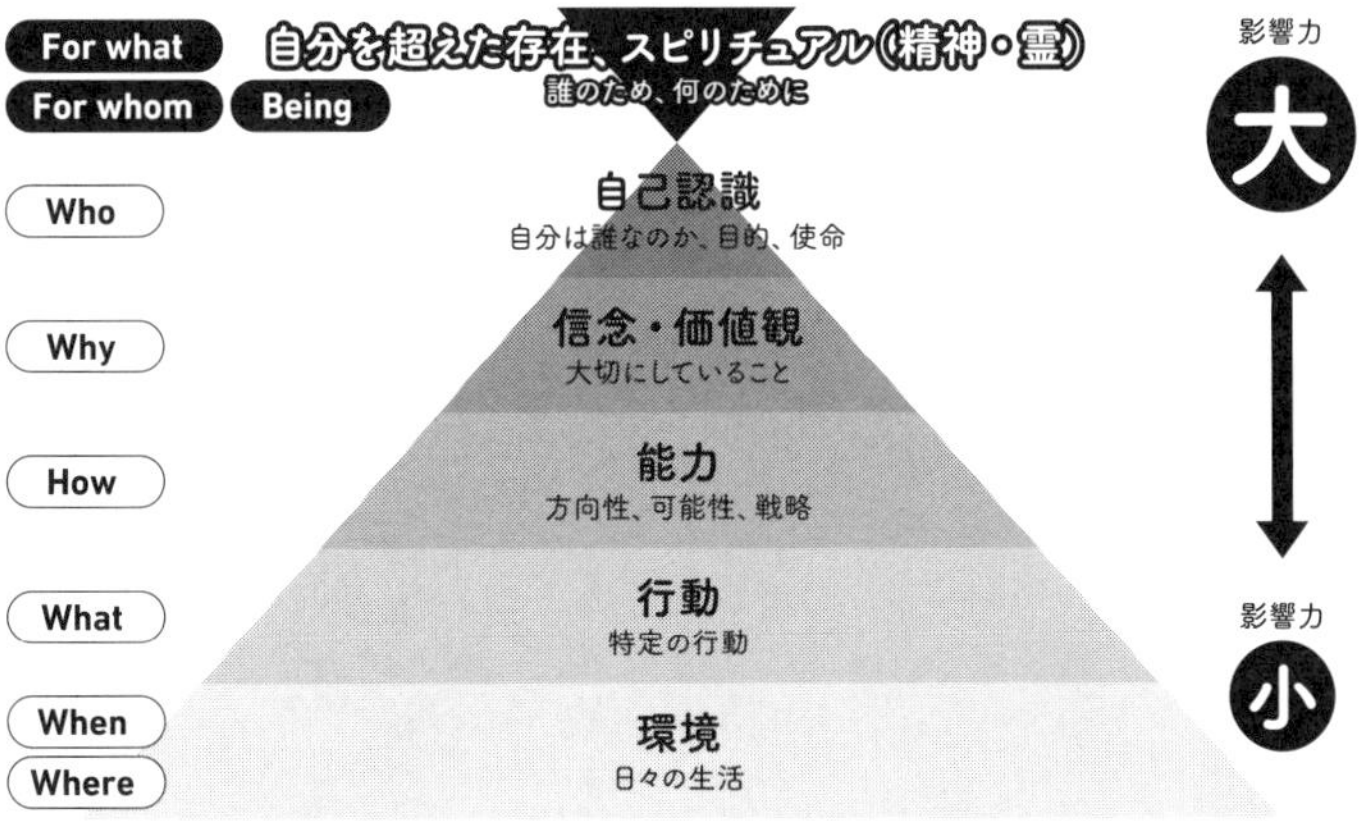

・For what（何のために）、For whom（誰のために）
・WHO（誰が）
・WHY（なぜ）
・HOW（どのように？）
・WHAT（何を）
・WHERE（環境）

WHY（信念・価値観）よりも影響力が強いのは何ですか？　WHO（自己認識）ですね。一番上の階層、スピリチュアルの部分は初対面の人間では話すことが失礼ですので、ここでは扱いません。

さらに、WHOの中でも使命（ミッション）

が重要です。あなたの使命（ミッション）を語る。これがトップ営業の人間関係構築法だったのです。「ミッショントーク」あなたもお聞きになったことはないでしょうか。

あなた　ミッションというと、いろんな会社のＨＰに書いてあるのを思い出しました。でも、ミッションとかビジョンとかいろいろ言葉があって、ちょっと混乱してしまいます。

加賀田　大丈夫、これから解説します。

ミッション・ビジョン・バリューの違い

まず、似た言葉でミッション（使命）、ビジョン（展望）、バリュー（行動指針）について考えてみましょう。

では、WHYより、さらに影響力のあるWHO（自己認識）の中のMISSION（使命）について。

まずMISSION（ミッション・使命）ですが、これはあなたが**「なぜこの世界に存在しているのか」**。つまり自分の**存在意義**を表します。自分がどう生きるかを決めるのはもちろんあなた自身です。

ただし、**社会や周りの人々**があなたに何を求めているかという視点も無視できません。結局、あなたが毎日の行動の中で使命を意識し、その**使命に沿った価値**を提供することが、あなたの生きる意味を強くします。

次にＶＩＳＩＯＮ（ビジョン・展望）。これは、ＭＩＳＳＩＯＮを果たした結果、あなたが**「どうなっていたいか」**というゴールです。未来の自分の姿を描くものですね。ＶＩＳＩＯＮが明確であれば、日々の選択や行動がそのゴールに向かって自然と導かれるようになります。

そして最後にＶＡＬＵＥ（バリュー・行動指針）です。これは、ＭＩＳＳＩＯＮやＶＩＳＩＯＮを実現するために、あなたが**どんな姿勢や価値観で行動するか**を示しています。ＭＩＳＳＩＯＮやＶＩＳＩＯＮを追い求める際に、**「日々、自分が何を大切にしながら進むのか」**がＶＡＬＵＥです。誠実さや思いやりなど、自分の中で守りたい信念に従って行動することで、ＭＩＳＳＩＯＮとＶＩＳＩＯＮにブレない道筋ができます。

この三つがはっきりしていれば、自分に対する自信が生まれます。考え抜いた結果として出た言葉や行動には重みがあり、周りの人にも伝わりやすくなります。

ミッション（使命）はあなたの過去の経験、つまり原体験に基づいています。過去の出来事が、今のあなたの価値観を形成しているんです。

だからこそ、原体験を無視せず、自分が何を大事にしているのかをしっかり見つめることが大事です。そうしないと、どこかで矛盾やズレが生じ、結果として自分らしくない行動になってしまいます。

めちゃくちゃ単純化すると、**価値観に基づく日々の行動指針がバリュー**ですが、**複数の人に対して、世の中の人に対して、社会に対して自分がどうありたいか？　何をするのか？がミッション（使命）**です。

なので、ミッション（使命）を語ることが一番影響力が強いのです。

実際の活用法①

不動産売買仲介営業のミッショントーク

ある不動産売買仲介営業マンはミッショントークを自己紹介のメールに入れて人間関係を構築しています。

〜間違いだらけの不動産業界〜
〜絶対に失敗できないマイホーム購入〜

不動産営業の○○と申します。
★不動産購入で何が最も重要ですか?
★何が最も難しいと思ってらっしゃいますか?
一生の中で最も高い買い物といえるマイホーム購入で
絶対に失敗したくない方へ

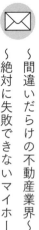

・隣や上下階とのトラブルは絶対にやだ
・リセールバリューはどう計ればいいのか…
・当たり前のように仲介手数料満額って…
・売ってあげるといわんばかりの営業の態度…
・急かされるのが本当にイヤ！
・住宅ローン商品をしっかり吟味したいのに…

私のミッション（使命）は
「不動産を通じて安定した生活と
将来までの安心を提供すること」です。

〝無理のない資金計画〟と
〝将来資産性を念頭においた物件選定のお手伝い〟が
私の仕事です。

15年間の売買仲介業務で400組以上のお客様のお手伝いをしてきました。
そしてすべてのお取引からの学びを積み重ねてきました。
まずは、しっかりお話しを聞かせてください！

あなた　ミッションを知ることで、信頼感が増しますね！

加賀田　そうです。ミッションを語ることで他社の営業マンと差別化できるのです。

あなた　でもミッションって、HPとか、メールとかにしか使えないんですか？

加賀田　良い質問ですね。これからトップ営業のミッショントーク、具体的に見ていきましょう！

実際の活用法②

保険営業Iさんのミッショントーク

では、保険営業のIさんのミッショントークを見ていきましょう。

Iさん　私のミッションは**要石《かなめいし》（キーストーン）**です。

経営者と社員の間に入り組織が潤滑に回るような役割を果たすこと、**また社長と後継者であるお子さんの間に入りスムーズな事業承継ができるようなお手伝いをすること**がミッションです。

私の実家は青森の田舎町で祖父が立ち上げた呉服店を経営していました。戦争経験者で非常に厳格な祖父だったんです。

父は高校を卒業し、一度東京で就職しましたが、実家を継ぐために青森に戻り、祖父の下で仕事をしていました。

私が小学校の頃、祖父が60歳を過ぎ、父が40歳に近づいた頃から「自分で好きなようにやりたい！　家業をすべて任せてほしい。いつまでも子ども扱いはやめてくれ！」「いや、お前には、まだ任せられない！」お互い声を張り上げ、怒りで「ドンドン！」と壁を叩いたり、言い争いが増えてきたんです。父親の友達もどんどん社長になっているので、祖父のいいなりにやっているのがガマンできなくなったのだと思います。

お互い短気で頑固なところがあって、どっちも引かないまま、とうとう父が家業を継ぐことをやめて東京に働きに出てしまいました。

それまで休みの日は「みんな出かけるぞ！」、海や川に釣りや、旅行に出かけていた家族が、自分が中学になる頃には家族バラバラ、親父は年に2度ほどしか帰ってこなくなりました。

父は40にもなっていたので、土木系の仕事をやっていました。元々、野球をやっていて体力があったんです。一時期、もっと稼ごうと思ったのか、トンネル工事の仕事をして、仕送りをしてくれていたんです。

その後、店は立ちいかなくなって、廃業することになるのですが、その1年前に親父は52歳でがんで死んじゃいました。私が社会人2年目の12月でした。

無理をしてトンネル工事の仕事をしていた時に粉塵・悪い空気を吸ったんだと思います。肺がんでした。

祖父も父親がなくなったので急にガックリして「このままやっていてもしょうがない」と廃業してしまいました。

祖父も父もお互いが憎いからではなく、祖父は父に「この田舎町では将来性がないから違う仕事について欲しい」父は「自分が後を継ぐことで、オヤジ（祖父）が作った会社を存続させたい」。お互いの思いは、お互い理解しないまま死別してしまったのです。

大好きだった家族との時間もあまり取れずに親父は死にました。お互い本望ではなかったと思います。

親子間は感情のもつれがおきがちで、素直に話し合いができないことで、家族も会社も傾いてしまうことが良くあります。

私は過去の自分の経験から社長と後継者の間に入り、スムーズな事業承継のお手伝いがしたいと思うようになりました。

「親子間の事業承継の間に入り、お互いの本音を引き出し、相互理解のお手伝いをすることでこのような悲劇が防げる、そして明るい未来を創造するお手伝いができる。そして最終的にはそれがまったくできなくて死んだ親父の恩返しにつながる」今ではそう思ってこの仕事に取り組んでいます。

お客さん　大変な思いをされてたんですね。

Iさん　ありがとうございます。そして私が今、どんな活動をしているか？　お話ししても大丈夫でしょうか？

お客さん　あ、はい。

Iさん　ある上場企業で働いていた息子さんが、ゆくゆくは社長を引き継いで3代目になる予定だと。ただ、息子さんが新しいことを提案しても、父親にことごとく否定される。「もう親父と話すのもいやだ」そんな材木屋さんがあったのです。
ある時、息子さんから「このまま会社を引き継ぎたくない」とグチを聞く機会がありました。私の過去の経験から、社長は息子さんのことが嫌いなわけではなくて、何か考えがあって提案に対して否定している。
「その理由を聞いたの？」と聞いたところ、「親父とはそういう会話ができない。そもそも感情的になって、冷静にならないんだ」……と。

「私が間に入るので3人で話し合いをしませんか?」と提案しました。

社長に、
・社長が息子さんの年齢の頃、どういう思いで仕事をしていたのか?
・先代の社長との関係性がどうだったのか?
・どうして会社を引き継ぎ社長になろうと思ったのか?
こういった質問をしていくことで、過去を振り返っていただいてその時の想いを語っていただきました。

まさに今の息子さんと同じような父親との軋轢《あつれき》があって、それを乗り越えて我慢して社長になった想いですとか、初代の社長が社員に対しての発言でいやな点は「自分が社長になったらしないようにしようと思っていた」とか。それが今、まさに、自分がいやだと思っていたことを息子にしていたなということに気づいていただいたんです。

息子さんは「お父さんが社長になって苦労した話」「お父さんがどういう想いで会社を経営しているのか?」というのを聞いていただいて、お父さんを尊敬ではないですが、認めることができた。「何も考えてない、偉そうにしているだけだ」と思っていた社長がこんな想いで会社を経営していたんだと、お父さんの見方が変わったんです。

「そんなこと考えていたんだ。なんで言ってくれなかったの？」「そもそも聞かれてないし、恥ずかしくて、そんなこと言うわけないだろ」

息子さんが、お父さんに積極的に質問しだして、会社の過去を聞いてきて、

・なぜ、初代が材木屋を始めたのか？

・調子がよかった時、大変な時期をどう乗り越えたのか

初めて腹を割って、いろんなお話をされました。

今は、息子さんが提案することに対して、否定ではなく、「こう思う。こうした方がいいんじゃないか」と今まで一方的に否定されていたのが、話し合いができるようになった。

そして2年後に、社長を引き継ぐことが決まりました。

お客さん　素敵な話ですね。自分も親父とうまくいってないので、お力になっていただいていいですか？

この材木屋さんは結果「保険はあなたに任せる」と息子さんの退職金積立を開始し、代が変わったら**借入3億円分**の保険、社員の退職金積立がスタートしたのです。

お客さんに対して、影響力の高いミッション（使命）を話すのです。ただのセールスマンだと思っていた相手から、ミッションを聞くと見込み客は襟を正します。具体的には、

・最初のアプローチのメールで送り、他の営業マンと差別化を図る
・セミナーセールスの中で話す
・商談の冒頭で自分がなぜこの仕事をしているかを話す
・商談の最後、反論解決の部分で話す

など、ご自身のビジネスモデル・商談に合わせてお話ししてください。

ただ知識を知っても人生は変わりません。行動が行動を呼び、行動が成長を加速し、成長が成功をもたらします。あなたのミッション・ビジョン・バリューをアウトプットしてみませんか？

台本営業® ワークシート❷

【ミッション・ビジョン・バリュー】

Q1：あなた（御社）のミッション（使命）は？ どうして世に広めたいのですか？世に広めなければならないその理由を教えてください。

Q2：ミッションを達成するためのビジョン（展開）は？ 3カ月後、半年後、1年後、3年後のゴールを教えてください。

Q3：ミッションを達成するためのバリュー（価値）は？ 日々、大事にしている行動指針を教えてください。

あなた　ミッション（使命）を聞くと「襟を正す」感じになります。「ピシッ」となって、営業マンの話を聞く態勢になります。

加賀田　ですね。私たちを形作り、人生に深みを持たせるのは、出来事そのものではなく「その出来事が私にどのような意味を持つか？」です。人生で得られた教訓や啓示、信念からミッションを考えてみましょう。

もしかしたら、先ほどのミッショントークを長いと思われた方がいるかもしれません。ですが、いったん長いミッショントークを作れば、TPOに応じて、3分、5分、10分と調整することができます。

次のページから、早速作ってみましょう。

ミッション（使命・天命）トーク作成

ミッショントークは、「なぜこの営業をやっているの？」「○○営業って大変でしょ？」と聞かれたり、反論解決でお客さんも「良いのはわかっているけど」と一歩踏み出せない時背中を押すトークです。

自分の人生にとって大事な「使命」、心の底から震える熱い「天命」を伝えるのがミッショントークです。

ミッショントークを聞いたお客さんは、あなたが「自分の成績やお金のため」だけでなく、天命・使命を持っていることを理解します。

他の営業マンと違って、「この人を信頼して良いかな」という共感から「応援したい！」という紹介にもつながります。

台本営業® ワークシート❸

【ミッションを作ってみよう】

ステップ1：これまでの人生を書き出していく

1　ポジティブな体験

❶これまでの人生「とても幸せを感じた」「とても楽しかった」「ものすごく感動した」と思うようなポジティブな体験をできるだけ書いてください。

（※自分に当てはまる年代まで）

・幼年期：

・小学生：

・中学生：

・高校生：

・（専門学校、大学など）：

・20代：

・30代：

・40代：
・50代～：

❷ポジティブな体験で生じた「信念・価値観」「大事にしていること」を5個以上書いてください。

1.
2.
3.
4.
5.

2 ネガティブな体験

❶これまでの人生で「こんな思いは二度としたくない」というネガティブな体験をできるだけ書いてください。
（※自分に当てはまる年代まで）

・幼年期：
・小学生：
・中学生：
・高校生：
・（専門学校、大学など）：
・20代：
・30代：
・40代：
・50代〜：

❷ネガティブな体験から生まれた「もっとこうしたい、こうあるべき」という「信念・価値観」を5個以上書いてください。

1.
2.
3.

4.

5.

3 両親との関わり

❶両親との関わりで「これは嫌だった」とか、「これは楽しかった、よかった」という体験をできるだけ書いてください。

（※自分に当てはまる年代まで）

・幼年期：

・小学生：

・中学生：

・高校生：

・（専門学校、大学など）：

・20代：

・30代：

・40代：

・50代〜：

❷親、子、家族との関わりから生まれた「もっとこうしたい、こうあるべき」という「信念・価値観」を5個以上書いてください

1.
2.
3.
4.
5.

ステップ2：信念・価値観を炙りだす質問

❶今の営業を選んだきっかけはなんですか？　ただ「求人誌を見たから」「紹介されたから」ではなく、この仕事をあなたがやろうと思ったのは何か意味があるはずです。深掘りしてみましょう。

❷今の営業を辞めようと思った時、踏みとどまったきっかけはなんですか？

■その時にどのようなことを感じましたか？

■その時にどのような信念・価値観が大切だと気づきましたか？

❸今の営業をやっている中で、お客さんに感謝されたことがあれば具体的に書いてください。

■その出来事からどのようなことを感じましたか？

■その時にどのような信念・価値観が大切だと気づきましたか？

❹今の営業をやっている中で、悔しい思いをした経験があれば具体的に書いてください。

■その出来事からどのようなことを感じましたか？

■その時にどのような信念・価値観が大切だと気づきましたか？

ステップ3：グルーピング

信念・価値観を整理して書いてみましょう。

①ポジティブな体験から生まれた価値観、②ネガティブな体験から得られた価値観、③両親との関わりから生まれた価値観、④仕事を辞めようとして踏みとどまった時に得られた価値観、⑤お客さんから感謝された時に得られた価値観、⑥仕事で悔しい思いをした時に得られた価値観から、「似ているもの」や「削除しても良い」と思われるものは削除しましょう。

ステップ4：価値観のセレクト

「ステップ3」でまとめた信念・価値観を読んでみて「自分が今の営業を選んだ理由として、最も心が震える・大事にしている信念・価値観はなんだろう？」と自問して、選んでみましょう。

ステップ5：信念・価値観を踏まえてミッション・トークの「型」を創りましょう。

「過去にこういう体験をして、こういう信念・価値観が出来上がった。その信念・価値観を大切しているので、今の営業を選んだ（ルーツ）。今、この価値観を大事にしているのでこういうことに取り組んでいる。そして、このようにお客さんに喜んでもらっている（ポリシー）。将来はこんな風にしていきたい（ビジョン）」という文章になります。

（ルーツ）

（ポリシー）

（ビジョン）

ミッショントーク

・過去（ルーツ）
私は、以前「　　　　　　　　　　」という体験をしました。その時に（ステップ4で選んだ価値観）のためにこの仕事を選びました。

・現在（ポリシー）
今の営業は、まさにそういう仕事なので「　　　　　　　　　　」という想いで仕事をしています。
そして「　　　　　　　　　　」のようにお客さんに喜んでもらっています。

・未来（ビジョン）
将来はこんな風にしていくつもりです。

相手に合わせて、ミッショントークを作っておくことが必要です。先ほどの保険営業のIさんの場合は、社長相手のミッショントークでした。

お客さんの「ミッション（使命）」に合わせた「価値提供」をすればいいのでは？

あなた　ちょっと待ってください！　お客さんの価値観にでなく、ミッションに合わせた価値提供をすれば最強じゃないですか？

加賀田　そうなんですが、日頃から自分のミッションを考えている人ってなかなかいなくないですか？　また商談の際に、お客さんのミッションを聞くことはなかなか難易度が高いので、価値観を探り、お客さんが大事にしている価値観を満たす価値提供をするのです。

HOW：どのように営業するか？

あなた　なるほど。あと、質問してもいいですか？　そもそも商品自体に大きな違いがないと、どうやって他と違うことを伝えればいいのか悩むんです。

加賀田　そうだよね。実は商品が同じでも、差別化することができるんだよ。そこで重要なのが「どのように営業するか」なんだ。

あなた　「どのように営業するか」ですか？

加賀田　そう、いわゆる〝ＨＯＷ〟の部分。具体的に言うと、「どのようにしゃべるか」で差別化できます。商品が同じでも、伝え方や話し方が違えば、相手への印象も変わる。お客さんがあなたの話を聞いて、「この人から買いたい！」と思わせることができるように、話し方でしっかり差別化するんだ。

あなた　ちょっと、何言ってるか、わかんないんですけど。

加賀田　ははは。つまり、相手を単なるお客さんでなく、ひとりのかけがえのない人間だとリスペクトする。お客さんがどんな価値観を持っているか、何を大事にしているかをしっかり理解する。心から「本当にわかってあげたい」「聞いてあげたい」という気持ちで接するんだ。

あなた リスペクトを持って相手の話を聞く、ということですね。

加賀田 そう。そして、相手が何を言っているかだけじゃなく、どうしてそれを言っているのかを感じとることも大切。時には、相手が言っていることが事実じゃないこと、間違っていることもあるかもしれない。でも、それをそのまま否定するんじゃなくて、相手の状況や背景を大きな心で包んであげることが重要なんだ。

あなた たとえ嘘を言っているように感じても、その背後にある理由を理解しようとする、ということですね。

加賀田 その通り。嘘をつかざるを得ない状況があるかもしれないし、その嘘を味わって、自分を大きくイメージして包み込むように相手の本当の気持ちに寄り添ってあげることが大切。そして、その人の個性やメンタルに自分から合わせて、リスペクトを持って接するんだ。もし、それでも答えてくれなかったら、その時は次に進むタイミング。どのように話すか？　というメンタル別アプローチは次のページで紹介しよう！

あなた　トップ営業はキラキラして稼いでいて憧れるんですけど、現実は嫌なお客さんがいたり、断られたりしてセルフイメージが下がっちゃうんです。そうかといって、ゴリゴリ営業するのも嫌だったんです。無理に引き留めずに、次のお客さんに進むというのも必要なんですね。

そうです。リスペクトを持って接し続けることが大切ですが、すべての人が同じようにリスペクトを持ってあなたに接してくれない場合もあります。相手に固執することなく、次にいけばいいんです。

そのためには成約率を80％まで上げて、余裕を持っておくことが重要なんです。

HOWの質を上げるための SIX MENTAL READING®

6つのメンタルに合わせて、人として尊敬して話すために、お客さんが「どのメンタルか?」というのを推測し、HOWのレベルでお客さんの自己認識にアプローチすることができる最強のメソッドがシックスメンタルリーディング®です。

シックスメンタルは、ニューロロジカルレベルの「信念価値観」の上位、「自己認識」レベルにアプローチするので、お客さんへの影響力も大きいのです。

6つのメンタル別にアプローチするという方法が、シュタイナー(哲学者・教育者)から最先端の心理学を経て、トップ営業が日々、ストリートファイトにて意識的無意識的に実践している内容を公開したのが「SIX MENTAL READING®」なのです。

たった5つの質問で相手を動かす「6タイプ別アプローチ」

5 BEHAVIORAL CUES　それぞれの特徴を見て、どのタイプに一番近いか考えてみよう！

あの人を知る5つの質問

【質問❶】よく使う言葉は？　【質問❷】話し方（声のトーン・テンポ）は？
【質問❸】表情は？　【質問❹】ジェスチャー（身振り手振り）は？
【質問❺】全体の雰囲気は？

楽しみ上手な

ジョイナーさん

❶マジで!?、～が好き、～したい！
❷擬音語・擬態語が多い
❸無邪気に笑う。目尻や口元に笑いじわがある場合が多い
❹「えー！」などのオーバーアクションが多い。にかっと笑う
❺他人の目は気にせず、自分が「好き」と思ったものを着る

信念を貫く

ビリーバーさん

❶～するべき、～する価値がある、義理
❷会話の中に自分の意見が多く出る
❸真剣な表情をしていることが多い。眉間に縦じわがある場合がある
❹背筋を伸ばして姿勢が良い。パッション（情熱）を感じさせる動作
❺自分が価値を感じた、こだわりのファッション

ロジカル思考が得意な

シンカーさん

❶いつ？、事実、効率
❷淡々とした話し方。質問が多い
❸感情があまり出ない。額に横じわがある場合がある
❹静かにうなずくことが多い
❺黒や白などの機能的なファッション

想像力豊かな

イマジナーさん

❶～みたい、～に似ている、私のペースで
❷口数少なくもの静か
❸穏やか、控えめな表情。あまり表情に出ない。目を合わせない
❹無表情、面倒なことは無視
❺ただ着られればよいという感じで、着飾ったりしない

競争に燃える

チャレンジャーさん

❶～しろ!、一か八か、勝負、行動
❷言葉が短い。言い切りが多い
❸一見、近寄りがたいオーラや表情
❹腕と脚を組んでふんぞりかえる。でんと構える
❺「ビシッ」と決めた、派手なファッション

思いやり溢れる

ハーモナーさん

❶～と感じる、私の気持ちは～、嬉しい
❷やさしい口調、反応
❸目尻が下がっている（笑みじわ）。微笑んでいることが多い
❹ゆったりふんわりとした動き、温かみを感じる動き
❺人を不快にさせない柔らかいファッション

営業マンはミッションを伝え、お客さんには価値観を満たす価値提供

トップスピーカーであるスティーブ・ジョブスの信念価値観を伝えるトークよりすごい「ミッショントーク」をお伝えしました。

ただ、お客さんのミッションを商談上で知ることは難しいので、価値観を満たした価値提供をするのです。宗教などのスピリチュアル（精神・霊）についての商談ではお話ししないので割愛します。

・For what 、For whom：自己を超えた存在・天命の確認
・WHO：誰が話すか？　ミッショントーク（使命）
・WHY：お客さんの価値観を満たす価値提供
・HOW：どのように話すか？　顧客のメンタルごとにリスペクトして話す
　→『SIX MENTAL READING』（きずな出版）

・WHAT：何を話すか？　台本営業®
　→『営業は台本が9割』（きずな出版）
・WHERE：環境。どこで商談するか？　服装は？　見た目は？

情報はネットでいくらでもとれます。お客さんは営業マンに共感できないと本気で心を開いてくれません。お客さんは「誰に話をして欲しいか？」。いい人、好きな人、気持ちのいい人、お天道様に認められている人から話を聞きたいのです。つまり、ミッションが感じられるか？　なのです。

ただいきなり「ミッションを作れ」といわれても、ムズカシくなかったでしょうか？　普段からミッションを考え抜いている人はすぐ出てきたかもしれません。そうでなかったあなたは、今日、ミッションを考えるスタートにしましょう。

第3章のまとめ
アクションプラン

- 「ゴールデンサークル理論」よりすごい！
「ニューロロジカルレベル」
- 信念・価値観よりミッションの方が影響力がある
- ミッション・ビジョン・バリューの違いを知ろう
- 台本営業®ワークシート②
- 台本営業®ワークシート③ ミッションを作ってみよう
- 営業マンはミッションを伝え、
お客さんには「価値観を満たす価値提供」をする

第4章

顧客の価値観から「欲しい！」がわかる

バリューワードから、お客さんの価値観がわかる！

あなた　価値観が重要なことはわかったんですが、会話の中でお客さんが大事にされている価値観を言語化するのがむずかしいんです。

加賀田　大丈夫です。これから説明します。

「価値観」とは、基本的な考え方、判断の基準、何を重要だと感じるかという信念や態度のこと。人によって「家族を大事にすること」「仕事で成功すること」「自由に生きること」「お金持ちになること」「好きなことで生きていくこと」など、重要だと感じるものが違います。

この価値観は、人生の選択や行動、他者との関わり方などに大きく影響を与えます。育った環境や経験、文化、社会の影響を受けて形成されるため、非常に多様です。

価値観に触れられると、人は感情が大きく揺さぶられます。

その人が大事にしている価値観は、低いものから高いものまであります（その人固有の優先順位）。トップ営業は、お客さんの大事にしている**価値観を満たす価値提供（セールス）**をしていたのです。では、価値観について見ていきましょう。

価値観とは、身近な表現にすると次のような言葉です。

- **人生観**：人生に対して大事にしていること
- **世界観**：世界・人生に対する見方
- **仕事観**：仕事はこうあるべき
- **宗教観**：信仰の有無や宗教の役割をどう考えるか
- **死生観**：人生の意味や死後の世界について
- **経済観**：経済活動や富の分配、経済体制について
- **家族観**：家族の在り方や役割について
- **教育観**：子どもの成長や学びの意義をどう捉えるか

・**結婚観**：パートナーシップの在り方
・**道徳観**：善悪や正しい行いについて
・**成功観**：成功をどのように定義し、評価するか

巻頭に「価値観の一覧表（14の価値観と20のバリューワード）」を用意しました。商談の前後で確認して、価値観の炙り出しと営業台本のブラッシュアップに役立ててください。

あなた　ちょっと待ってください！　価値観、価値観って言いますけど、価値観を重要視していない人もいますよね？

加賀田　その人は「価値観は重要でないという価値観」を信じているのです。数字、行動、人間関係、感性、内的世界など、価値観は「その人が大事にしていること」と言葉を変えるとしっくりくるかもしれませんね。見込み客が使っている「バリューワード」からその人の大事にしていること（価値観）を理解し、営業台本に組み込むのです！　ではこれから、商談での価値観の具体例を見ていきましょう。

価値観営業のトーク例

家を売るなら、家に対する価値観

例えば、ある新卒2年目の注文住宅販売の女性営業マンは、次のような**ミッション（組織や個人が何を成し遂げるか）**を自己開示することで、お客さんの**価値観（何を大事にしているかの基準）**を引き出しています。

私は小さい頃からずっとアパートに住んでいて、中学生の頃、アパートの横に家が建ったんです。

お風呂から、お父さんと小さい息子さんと娘さんがアンパンマンの「ああ　アンパンマン♪　やさしい　君は♪」親子で**すごい楽しそうに歌って「キャッキャ」言ってる**のとか、**おうちに帰ってきてドアを開けた時に「ただいま！」「おかえり！」ってすごい元気な声が毎日のように聞こえてきた**んです。

アパートだとお風呂で歌を歌うとか、大きい声出しとか、おうちの中で走り回るってい

うのが全然考えられなかったので、とっても幸せそうで、うらやましく思っていたんです。

私にとって一軒家って、「**家族で大切な時間を過ごす**しあわせの象徴」なんです。

アパートだと、ちっちゃい子どもが走り回ったりもできません。「一軒家だったら音の問題を気にしないでのびのび生活できる」って思って、「**幸せを届ける仕事ができる**一軒家の家づくりのお手伝いをしよう」そして、「自分もいつか一軒家に住もう！」って決めたんです。

なんで「Yホーム」かっていうと、他の会社で建てると「アフターメンテナンスに来てくれなかった」とか、「買ったらそこで終わり」とか、「電話しても塩対応（※冷たい対応）されたり」とかっていう話も聞いてたんですが、Yホームに就職の面接に来た時に、「うちは建てて、そこで終わりではなくて、建ってからが本当のお付き合いの始まり」って聞いて、私の中ですごく「ビビっ」ってきて、入社を決めました。

「○○さんの家づくりを通して、幸せなおうちを長年守っていく。○○さんの幸せの笑顔を守っていく」ことが、私のミッションです。ぜひ、頑張らせていただけたらと思います。もしよかったら、○○さんのお家に対する思いとか、どんなことを大事にしているかお聞きしたいんですけれど、よろしいでしょうか？

台本営業® ワークシート❹

あなた　ほっこりして素敵で信頼できますが、これってミッショントークと何が違うんですか？

加賀田　ミッショントークは自分を信頼してもらうのが目的ですが、これは、ズバリ、お客さんの「価値観を引き出すトーク」です。自分のミッションを話すだけでなく、一気にお客さんの価値観を引き出すことができる「ミッショントークの進化系」なのです。

【価値観を引き出すトーク】

あなたの商品サービスに関連したお客さんの価値観を引き出すトークを考えてみましょう。

「　　　　　　　　　　　　　　　　　　」ことが私のミッションです。ぜひ、頑張らせていただけたらと思います。

もしよかったら、○○さんの（　　　　　　）に対する想いとか、どんなことを大事にしているかお聞きしたいんですけれど、よろしいでしょうか？

悪用厳禁の心理術「秘密の窓ズバリトーク」

あなた　ちょっと、質問なんですが、上司から「お客さんの悩みをまず聞いて、それから自然に話を自分の方に持っていけばいいんだよ」という風に教わっているんですが、**質問しても答えてくれない**んです。自己アピールというか、そもそも**自分に興味を持ってもらうのが難しい**んです。

加賀田　どういう上司なんですか？

あなた　すごい人で、都内の有名国立大を出て、有名な大企業に入って、それから有名な外資系保険会社に転職した人です。その大企業って、志望者2万人中40名しか採用しないようで、500人に1人の倍率って自慢してました。

加賀田　ははは。元々すごい人は、すごいんですよ。普通の人は、有名国立大卒でもないし、日本を代表する大企業の入社試験を、そもそも受けようとも思わないし、オーラから違うんですよね。黙ってても売れちゃう。私、加賀田もそうですが、普通の人はそんなやり方、無理なんですよ。そういう人は、すごい人脈あるじゃないですか。私も含めて凡人は、トップ営業のマネしちゃダメです。というか、マネできないです。

あなた　そうなんです。「オレのようにやればいいんだよ（ドヤ顔）」というんですが、まったくマネできないんです。どうやったらいいんですか？

加賀田　大丈夫。「秘密の窓ズバリトーク」を体得しましょう。

コールドリーディングという心理テクニックがあります。「ニセ占い師の手法」として、メンタリストが使っている悪用厳禁の心理ノウハウです。

「まったく事前の準備なしで初対面の人を占うこと」「人の心をその場で読むこと」です。

このコールドリーディングのテクニックは、ニセ占い師などによって悪用されてきた「禁断の話術」です。例えば、初めて会った占い師に「あなたに近しい人が最近お亡くなりなりましたよね」と言われて、もし本当だったら「え？　なんでこの人は、そんなことまでわかるの？　この占い師は本物だ！」と信じてしまうかもしれません。

アメリカのテレビドラマ『メンタリスト（The Mentalist）』第一話で、カリフォルニア州捜査局の犯罪コンサルタント、ジェーンが娘を殺されたお母さんに、誰にも話していないこと、隠していることを言い当て、信頼させるというシーンがまさに、「コールドリーディング」の手法です。

心理学的に解説しましょう。「ジョハリの窓」をご存じですか？　人の心には「開放の窓」「盲点の窓」「秘密の窓」「未知の窓」の４つの窓があるというものです。

- **開放の窓：自分も他人も知っている自分**
- **盲点の窓：自分は気づいていないが、他人が知っている自分**
- **秘密の窓：自分は知っているが、他人は気づいていない自分**
- **未知の窓：自分も他人も気づいていない自分**

「秘密の窓」を開いて、深い人間関係を構築（ジョハリの窓）

	自分は知っている	自分は気づいていない
他人は知っている	**「開放の窓」** 自分も他人も知っている自己	**「盲点の窓」** 自分は気がついていないが、他人は知っている自己
他人は気づいていない	**「秘密の窓」** 自分は知っているが、他人は気づいていない自己	**「未知の窓」** 誰からも知られていない自己

あなたも誰にも話せないような「悩み」「苦しみ」「怒り」「秘密」を持っているはずです。その「秘密」を目の前の営業マンが言い当てたらどうでしょう。「なんでこの人は私のことを理解してくれてるんだ」と思いませんか。

人生全般・生活全般について、言い当てることは難しい。しかし、あなたが扱っている商品サービスについて、お客さんが悩んでいることをズバリ当てれば、「この人はすごい！他の営業マンと違う！」と「医者と患者（専門家と相談者）」の関係（『営業は台本が9割』P84）ができるのです。

では、早速やってみましょう。

台本営業®フレームワーク③：秘密の窓ズバリトーク

◉秘密の窓ズバリトーク

・他の営業マンと違って自分の悩みを理解してくれていると思わせる
・解決する手段を持っていると思わせる
・相手が抱えている悩みを
⑴短い言葉で（話が長いと興味がなくなってしまう恐れから）
⑵3～4つ（一つだと、ハズレてしまうことがある）
ズバリ！　当てる

例）外壁塗装（リフォーム）営業マン

お客様も外壁塗装について必要だと思ってらっしゃると思いますが、
多くのお客様からは、
①「外壁塗装はいつかやらなきゃと思っているけれど、前に来た営業マンが強引すぎて、
もう営業マンからは買いたくないいな」とか、

②「外壁のお手入れ（防水工事）とかって本当にやらなきゃいけないの？　タイミングがわからない」とか、

③「子どもにどれくらいの学費がかかるかわからないので、今、お手入れするのと、５年後、10年後にお手入れをするとして、どちらがいいかわからない」とか、

こうしたお悩みを聞くことが多いんです。

お客様もそういうことってないでしょうか？

例）外資系保険会社営業マン

お客様も保険にご加入だと思うんですが、多くのお客様からは、

①「将来、ガンなど万が一が必要な時、保険が80才とか、ひどいと69才で切れてしまって、必要な時全然使えなかった！」とか、

②「１０００万円払っていたのに、満期60才で１００万円も戻ってこなくて、掛け捨てが多くて無駄だった！」とか、

③「病気とか万が一のことがなかったら保険って、結局、無駄じゃない？　使わなかったら、お金が増えてくるのないの？　絶対に損しない保険の入り方ってないの？」とか、

こうしたお悩みを聞くことが多いんです。
お客様もそういうことってないでしょうか？

例）不動産売買仲介営業マン：マンション

○○さんもマンション購入に関して不安とかモヤモヤ感をお持ちだと思うんですが、多くの方からは、

①清掃がいきとどいているか？　居住者となじめるか、ペットを抱き抱えて移動しているか？　などの他の居住者のマナーなどの管理状態は大丈夫かとか、

②銀行から借りられる金額、ご本人がここまでに押さえたい金額、実際に住宅ローンを組む額などの資金面でのお悩みとか、

③お部屋の状態、手直しでリフォーム代金がどれくらいかかるか？　とか、

こうしたお悩みを聞くことが多いんです。
お客様もそういうことってないでしょうか？

台本営業® ワークシート❺

【秘密の窓ズバリトーク】

○○様も　　　　　　　　　だと思うんですが、
多くの方（会社）からは、

①「　　　　　　　　　　　　　　　　　　　　」とか、

②「　　　　　　　　　　　　　　　　　　　　」とか、

③「　　　　　　　　　　　　　　　　　　　　」とか、

こうしたお悩みを聞くことが多いんです。
○○様（御社）もそういうことってないでしょうか？

■広すぎず、狭すぎない内容に！

加賀田　突然ですが、昨日晩ごはん食べました？

あなた　はい（当たり前だけど）。

このように、当てるのが広すぎると「は？　当たり前でしょ」となってしまいます。

加賀田　昨日、新宿のC壱でカレーを食べようとしたけど、満席だったので、Hカレーに入って、チーズミルフィーユカレー頼まれて、ご飯は最初、普通盛りって言ったけど、その後ご飯少なめって変えましたよね。

あなた　キモ！（ストーカーですか？）

狭すぎて当たっても逆に、気味が悪くなります。適度な感じが重要です。重要なことは、「あなたの商品サービスがないと、解決できない悩み、つまり、大事にしている価値観が満たされていないお客さんの悩み」を考えてみましょう。

あなた　はずれた場合はどうするんですか？

加賀田　「未知の窓」に移行すればいいんです。お客さんも知らない「新たな商品サービスに関する悩みがある」ということを認識させ、「この人はすごい！　この人の話をぜひ聞きたい！」と話を聞く態勢（医者と患者の関係性）を作りましょう。

第4章のまとめ
アクションプラン

- ☑ バリューワードからお客さんの価値観がわかる！
- ☑ 台本営業® ワークシート④ 価値観を引き出すトーク
- ☑ 台本営業® フレームワーク③ 秘密の窓ズバリトーク
- ☑ 台本営業® ワークシート⑤ 秘密の窓ズバリトーク

第1部お疲れ様でした！
次のページから、いよいよ実践編です。
5つのステップで価値観営業を
身につけ、成約率80％にしましょう！

第2部

実践編

ステップ 1

4次元ヒアリングで見込み客の「価値観」を炙り出せ！

トップ営業がやっている4次元ヒアリングとは？

・「深掘りして、気持ちに触れてください」と言われても**どうやっていいいか**、わからない
・そもそも**相手に興味を持っていない**ので、深掘りできない
・トップ営業は**「本能的にニーズを嗅ぎ分けられる」**けど、自分にはできない

このような悩みはないでしょうか？
ズバリ、トップ営業のヒアリングは「4次元ヒアリング」だったのです。
まずは「4次元ヒアリングとは何か？」を左の図をもとに説明していきます。

時空を超えて価値観を探し出す「4次元ヒアリング」の極意

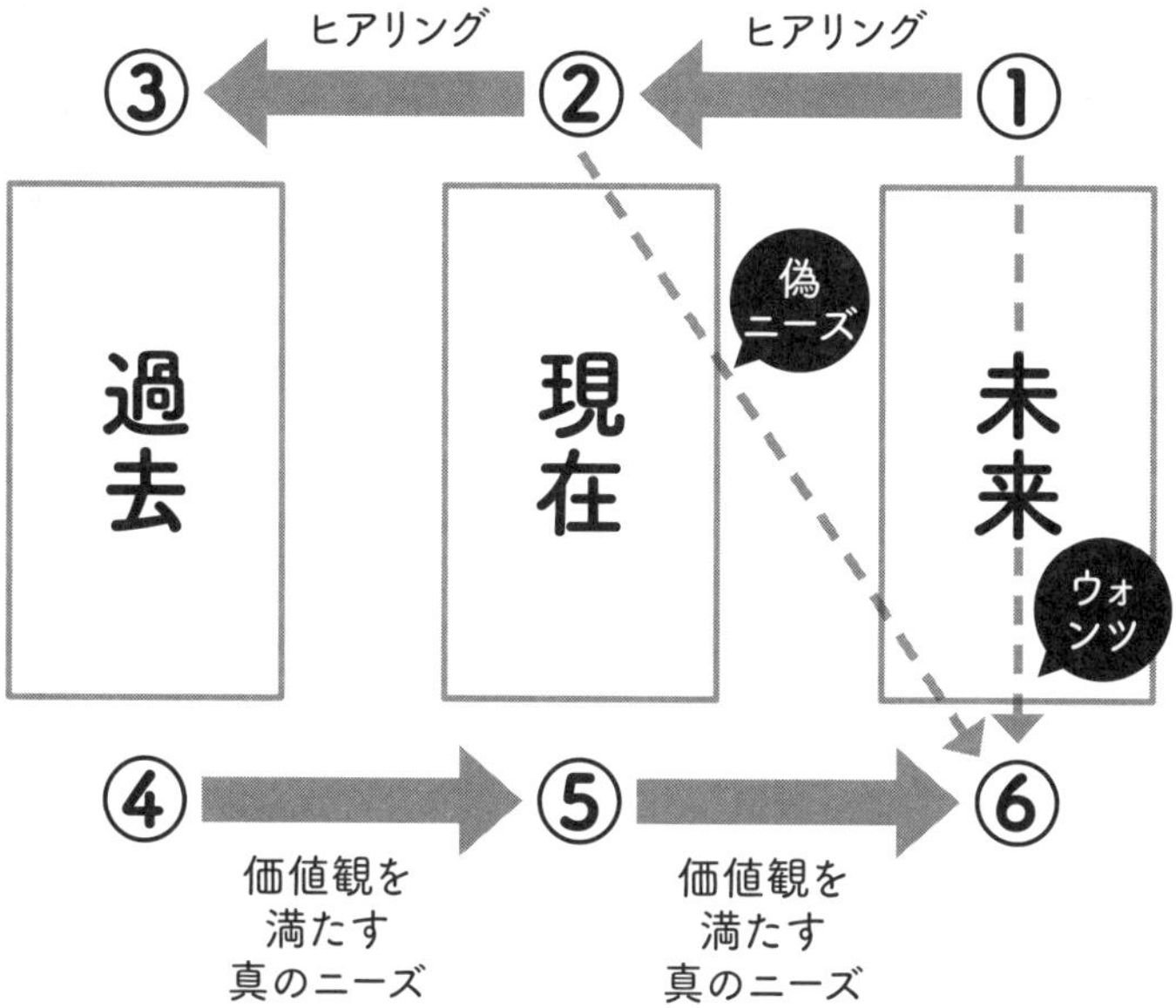

ダメ営業	×	①→⑥	売り込み（ウォンツのみ）
普通の営業	×	①→②→⑥	浅いニーズ（毒入りチーズ）
	△		ヒアリングしまくる御用聞き営業（運がよければ決まる）
トップ営業	○	①→②→③ ↓ ⑥←⑤←④	過去に遡ることで真のニーズ（お客さんの価値観）を満たした価値提供

「ダメ営業」はお客さんの要望を聞いて（①）、すぐ提案（⑥）します。これは、「ドリルを買いに来た人にドリル」を売ってしまったのと同じで、ニーズ（問題）を聞いていません。

次に「普通の営業」は、要望を聞き（①）ニーズ（問題）を聞き（②）そこからすぐ提案してしまうので、「偽ニーズ」から提案（⑥）してしまって失注してしまいます。

また、「御用聞き営業」は、相手に気に入られようとヒアリングしまくります。そうするとそんな理想の商品はないので、運が良ければ成約、悪ければ失注となってしまいます。

トップ営業は過去を遡ってお客さんの価値観を探し当て、価値観を満たした商品サービスを提供するのです。では、不動産売買仲介のダメ営業の例から見ていきましょう。

×ダメ営業：ニーズを引き出せていない

営業　いらっしゃいませ。ご来店ありがとうございます。本日はどのような物件をお探しですか？

お客さん　中古のマンションを探してるんですけど……

営業　広さはどれくらい必要ですか？

お客さん　**3LDKで、60㎡**くらい……。

営業　予算はどれくらいですか？

お客さん　**3000万円**ぐらいですかね……。

営業　うちのお店はいろいろと良い物件が揃ってます。（※物件資料を見せて）これなんかいかがでしょうか？　**3LDK、62㎡で、ご予算の3000万円以内の2980万円**なんでおススメです。**駅からも徒歩10分以内**で、スーパーも病院も近いですから！

お客さん　ああ、まぁ、いいですね……。

営業　もし、内覧ご希望でしたら、段取りしますよ。

お客さん　う……ん。他もいろいろと探したいです。

営業　というと？

お客さん　他のお店も含めてちょっと検討してみますね。

営業　え、あ……（しょぼん……）。

ポイント1：広告掲載でこの物件を見たいというお客さんが来たら、こういう説明でも内覧できるかもしれないが、突然の来社された場合は、これだと案内にもいけない。

ポイント2：「ウォンツ（欲求）」を聞き、ただ説明をしているだけ。お客さんの物質的な要望（予算、広さ、エリア）を聞くだけで、「なぜ家を買おうと思っているのか」気持ちを聞いていない。物質的な要望に近いこちらの売りたいものを勧めているだけ。

ポイント3：ニーズを引き出せていない。

△普通の営業：毒入りチーズ（偽ニーズ／浅いニーズ）に騙される

営業　いらっしゃいませ、本日はご来店ありがとうございます。本日はどのようなことでご来店いただきましたか？

お客さん　実は中古のマンションの購入をしようかと思ってまして……。

営業　中古マンションをお探しなんですね。**エリアとか予算**なども決められてますか？

お客さん　はい。だいたい駅から徒歩10分以内で予算は3000万円なんです。

営業　駅徒歩10分で3000万円ですね。**広さはどのくらい**あればよろしいでしょうか？

お客さん 広さ的にはできれば3LDKが良いんですが。

営業 できればということは、**今のお住まいは、もう少し小さなところ**なんですか？

（※ニーズを聞こうとしている）

お客さん あ、そうなんです。できればもう少し広いところに変わりたいと思って。

※顕在ニーズ（偽ニーズ／浅いニーズ）

営業 失礼ですが、**何人家族様**ですか？

お客さん 夫婦ふたりと子ども一人です。

営業 LDKの広さは**どれくらいが希望**ですか？

お客さん LDKは15帖以上は欲しいです。

営業 **ベランダの向き**とかはこだわりありますか？

お客さん あ、もちろん日当たりの良い南向きが希望です。それと、駐車場も機械式じゃなくて、自走式がいいです。

営業 そうですか。わかりました。今お聞きしたご希望条件ですが、当社でピッタリな物件を預かっています。こちらです（資料見せる）。３ＬＤＫでリビングは15帖ですし、南向きバルコニーで自走式の駐車場もございます。良い物件ですよね？　こちら、内覧されませんか？

お客さん　そうですね、いいですね。でも……一度、家内と相談してから、また連絡します（家を探して買いたい気持ちはあるんだけど、案内されたら、買わなきゃいけないんじゃないかな？）。

営業　え、あ？　そうですか。わかりました（要望を満たしているのに、なんで内覧に行かないの？）。

ポイント１：お客さんの「今、小さなところに住んでいる」というニーズ（顕在ニーズ・浅いニーズ）に引っかかって、すぐ提案をしている。お客さんの「毒入りチーズ」に騙された。

ポイント２：「真のニーズ」を聞いていない。何人家族とか、どれくらいの広さとか、こだわっている点とか、どんな物件を求めているか？　とかその人の背景は聞けているけれど、そもそも「何で家を買おうと思っているのか？」「何がきっかけになっているか？」

「家に関する価値観」が聞けていない。

△普通の営業2（御用聞き営業）：ニーズを聞いて、要望をヒアリングしまくるが、決まったり決まらなかったりの「運任せ」

では、いいイメージを持ってもらいたくて、なんでも聞く「御用聞き営業」の場合も見てみましょう。

営業　周りの方が住宅を購入していくと焦りますよね。

※顕在ニーズ（浅いニーズ／偽ニーズにひっかかる）

お客さん　そうなんです。「なんか早く買った方が良いのかな?」と思って……。

営業　どのようなエリアで広さや間取りはどんなのを探してらっしゃいますか?

お客さん　○○駅から徒歩圏内で3000万円くらいの3LDKです。マンションの向かいに高い建物がないところでベランダも日当たりが良くて、3階以上が良いです。それとできれば将来ペットも飼いたいので、ペット可の物件でお願いします。

営業　ちなみに、お車は1台でいいんですか？

お客さん　できれば家内も乗るのでもう1台。それと、駐車場も機械式じゃなくて、自走式がいいです。

営業　いいですね。他には、ございますか？

お客さん　マンション全体の戸数が多い方がいいですね。管理費や修繕積立金が安くなるので。

営業　なるほど。わかりました。いまお聞きしたご希望条件でお探ししたところ、希望に合う物件は見つかりませんでした。何か妥協できる点はありますか？

お客さん　んん〜……まだ探し始めたばかりなので、妥協はしたくないですね。

営業　そうですよね、わかりました。それではご希望にピッタリな物件が出てきましたら連絡しますね（うーん、そんな理想の物件あるかな？）。

お客さん　はい、お願いします。

※…その後、ピッタリな物件は出てくるわけはなく、しばらくして連絡すると「もう他社

で買いました」と他社で成約してしまう。

ポイント1：お客さんに気に入られようと、質問して要望を聞きまくる御用聞き営業。ごくまれに、理想の物件があれば運良く決まる時もあるが、お客さんの理想がどんどん高くなってしまいそんな理想の物件はない。他社の優れた営業マンが真のニーズ（価値観）を満たす物件を提供して、成約してしまう。価値観を満たす「真のニーズ」を聞いていない。

顕在ニーズ（浅いニーズ／偽ニーズ）※毒入りチーズ

→お客さんは自覚しているが浅い（表面的な）ニーズ（※プロでないので、なんとなくしかわかっていない）。もしくは、営業マンには本当のことを言いたくないので隠しているウソのニーズ。このままクロージングすると失注。

潜在ニーズ（深いニーズ）

→お客さんはまだ自覚していない深い（本質的な）ニーズ。もしくは、本音。

真のニーズ

→潜在ニーズのさらに深い、お客さんの「価値観を満たした」ニーズ。

あなた いつもの癖でやっちゃいます。追客が途中で止まってしまって、落としているお客さんもいると思います。「この人に任せたい。この人の話をもっと聞きたい」という感じになっていないと思います。

加賀田 「ヒアリングしなきゃいけない」と質問すると、お客さんは理想をどんどん言ってきますが、それって「安いベンツ」のようなもので、現実にはないのです。**「御用聞き営業」**になってますよね。

あなた そうなんです。「深掘りして、**お客様の気持ち**に触れなきゃだめなんだよ」と上司に言われても具体的にどうやっていいか、わからないんです。

大丈夫。これから4次元ヒアリングで解き明かしていきましょう。

偽ニーズに騙されず、潜在ニーズのさらに深い、真のニーズを探せ！

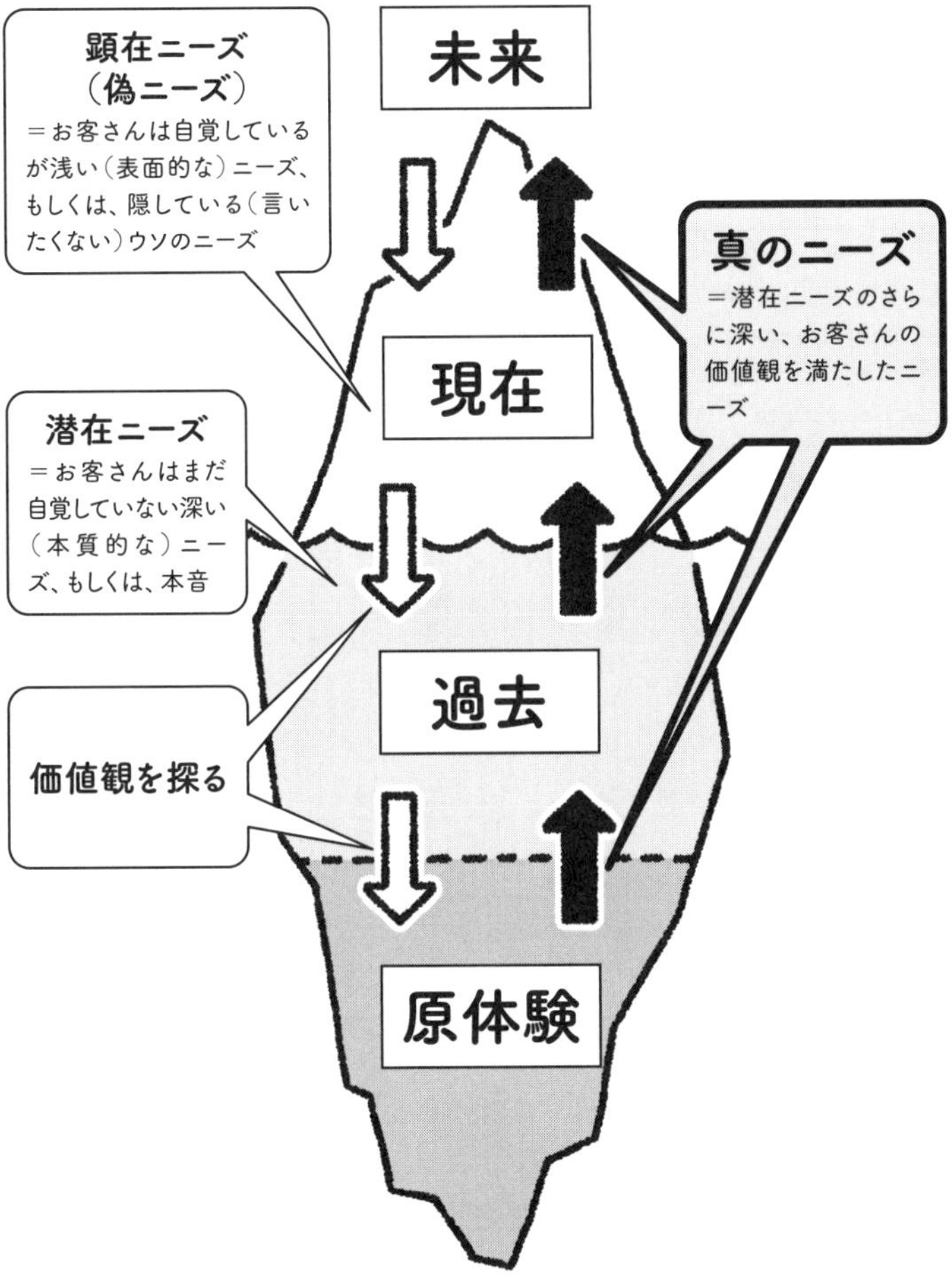

4次元ヒアリングを使うことで潜在ニーズのさらに奥にある、価値観を満たす真のニーズを探り当てることができる。

4次元ヒアリングで「価値観」を満たす「真のニーズ」を探ろう！

4次元ヒアリングでトップ営業は、お客さんの価値観を満たす真のニーズを理解します。価値観は、「決断」の瞬間に現れるので、過去に遡ってヒアリングをすることであらわになります。お客さんからの答えに**「納得」**できるまで掘り下げましょう。掘り下げる基準は、**「なぜ」を3回聞く**ことです。①～⑥の数字はP129の図を見てください。

営業　いらっしゃいませ、ご来店ありがとうございます。本日はどのようなご用件でしょうか？

※（①）未来・要望の確認

旦那さん　中古マンションの購入を検討しているので寄らせて貰いました。

営業　中古マンションですね。かしこまりました。お探しするエリアやマンションの広さご予算などは、決めてらっしゃいますか？

旦那さん はい。〇〇駅周辺で、予算は３０００万円くらい、間取りは３ＬＤＫの60㎡以上が希望です。

営業 かしこまりました。ちなみに差し支えなければ、教えていただきたいのですが、今のお住まいに何かご不便を感じてらっしゃるのですか？

※（②）現在のニーズを確認「なぜいま家を買おうと思っているのか？」「家を買わないと何が不都合なのか」購入動機・ニーズの確認

旦那さん いえ、特に不便があるわけではないのですが、今賃貸住まいなので、年齢的にもそろそろ買った方が良いんじゃないかな……と思ってまして。

営業 なるほど。ご年齢をお聞きしてもよろしいですか？

※質問の意図：住宅ローンが45才以降だと組みづらくなる

旦那さん 35歳です。

営業 35歳ですか、まだお若いのにマイホームの購入を考えてらっしゃるなんて素敵ですね！

旦那さん　ありがとうございます。周りの友達もどんどん持ち家になっているので、自分も何となくですが……。

営業　その気持ちよくわかります。私もそうでした。持家というだけで、その人の信頼性やステイタスを感じるので「自分も早く買ったほうがいいのかな」って思いますよね。奥様も同じようなお考えですか？

奥さん　はい、早く自分の家を持ちたいんです（笑）。

※（②）現在の価値観を探る**「なぜ×1」**：住宅購入のご主人の価値観に共感。自分の価値観も自己開示し強化。奥さんの答えに納得したので、それ以上深掘らない

営業　かしこまりました。それでは、お客様にとってベストな物件をご紹介したいので、いろいろと質問させていただいてよろしいでしょうか？

※（枕詞）超超重要！　許可をとる。事前許可を取らないと尋問のようになってしまう

ご夫婦　はい。どうぞ。

営業　ありがとうございます。今のお住まいは賃貸とおっしゃっていましたが、そのお部屋のどこが気に入って決められたのですか？

※（②）現在の価値観を探る**「なぜ×1」**：なぜ今の部屋が気に入ったのか？

旦那さん　まずは家賃が10万円程度で、結婚を機に決めたのですが、家内が対面キッチンが気に入ったのと、私がリビングの広さが気に入って決めました。

営業　10万円の家賃を選んだのはどうしてですか？

旦那さん　同僚や友人の賃料が10万円程度だったので、共働きでそれくらいの家賃なら払える金額だったので、それくらいで探していました。

営業　なるほど。奥様が対面キッチンを選んだのはどうしてでしょう？

奥さん　実家は戸建てだったのですが、ダイニングキッチンが7・5帖で、キッチンも壁に付いてるような昔ながらのスタイルだったので、ドラマとかで見た対面キッチンにすごく憧れていたんです。友人の家に遊びに行った時に、その家が対面キッチンで、その子がお茶を用意したり洗い物をしながらも、私の顔を見て話ができたりすることや、これはちょっと恥ずかしいんですが、シンクの洗い物やキッチン内が見えない形状になっているので、急な来客にも恥ずかしくないというのも理由の一つです。

営業　対面キッチンはシンクのゴチャゴチャを隠せるので人気ですよね、食器棚や冷蔵庫の中身もお客様には見えないので、キッチンスペースをすっきり見せられるのでカッコいいし、洗い物や料理しながら、顔を見て話ができるので、家族団欒ができるので人気です。

※（2）現在の価値観を確認：カッコ良さ、利便性、家族との団欒

奥さん　そうです。おっしゃる通りです。

営業　リビングの広さが気に入られたとのことですが、どのくらいですか？

旦那さん　キッチンも含めて15帖です。

営業　広いですね。それくらい必要だったってことですか？

※（2）現在の価値観を探る**「なぜ×2」**：なぜ広いリビングがいいのか？

旦那さん　はい、私がリモート勤務でシステムエンジニアをしているので、ひとりで部屋

に篭もって仕事をするよりも、リビングに机を置いて仕事をしたかったんです。なので、スペース的にもぴったりの物件だったんですよね。

営業　リビングで仕事をしたいというのは、何か特別な理由があるんですか？

※（２）現在の価値観を探る**「なぜ×３」**：リビングで仕事をしたいのはなぜ？

旦那さん　本来なら書斎や部屋の方が良いのかもしれませんが、**私は広い空間の方が仕事がはかどる**んです。あと、**子どもが生まれたらすぐ近くで見ていられる**という点です。家族が一緒にいる空間の方が好きなんですよね。

※ここで、

・「広い空間が好き」という価値観
・「子どもを大事にしたい」という価値観
・「家族が一緒にいる空間が好き」という価値観

があることがわかる

営業　なるほど。〇〇さんは、ご家族想いなんですね。

※（2）現在の価値観の確認

※「生まれたばかりの子どもは目を離せないので近くて見ていたい」というのはわかるが、「広い空間が好き」「家族が一緒にいる空間が好き」という価値観の深掘りが必要

旦那さん　（照れながら）あ、ありがとうございます。

営業　ちなみにご主人さんは、今のご自宅の前は、どのようなお住まいだったんですか？

※（3）過去に遡って価値観を探る

旦那さん　両親と一緒に2DKの団地に住んでました。

営業　そうなんですね。今の前はご実家だったんですね。ご実家での生活は何か不自由や不便に感じていたことはありましたか？

旦那さん　とにかく狭かったんですよね。だから広いリビングにとても憧れてました。

※ここでお客さんの重要にしている価値観は何か？　仮説を立てる

台本営業®フレームワーク⑤：「なぜ×3」真のニーズに辿り着く

※広いリビングに憧れているのは狭い団地で不便を感じていたから。
「なぜ×1」狭くて不便を感じていたのはなぜ？
（仮説）物が片付かない。居住スペースがないから
「なぜ×2」物が片付かない。居住スペースがないと嫌なのはなぜ？
（仮説）圧迫感を感じる。貧乏くさく感じるから
「なぜ×3」貧乏くさく感じると嫌なのはなぜ？
（仮説）友達の家には呼ばれるのに、恥ずかしくて友達を呼べないなさけない気持ちになるから

※リビングで仕事をしたいのは子どもを見ていたいから。
「なぜ×1」子どもを見ていたいのはなぜ？
（仮説）子どもと一緒にいたいから
「なぜ×2」子どもと一緒にいたいのはなぜか？

（仮説）子どもと一緒にいられる時間が大事だから
「なぜ×3」子どもと一緒にいられる時間が大事なのはなぜか？
（仮説）「あっ」という間に大きくなる。一緒にいられる一番かわいい小さい時を大事にしたい

※家族が一緒にいる空間が好き。
↓曖昧なため、過去に遡り価値観を探る

営業　ご実家暮らしの時は、どこで仕事をされていたんですか？　ご自身のお部屋ですか？

旦那さん　部屋の机よりも、9帖のダイニングのテーブルで作業してたことが多かったです。家族がテレビを観たりしていても、逆に集中できていたので……。

営業　その頃から部屋よりも、家族が集まるところの方が、落ち着いてたんですね。広いリビングが憧れとのことですが、どうしてなんでしょう？

※（3）過去の価値観を探る**「なぜ×1」**：広いリビングが憧れなのはなぜ？

旦那さん　そうですね。でもこれは願望なんです。子どもの頃に友達の家に遊びに行った時に、その家のリビングが広くて何かすごく憧れました。**私も友達を呼べるような家に引っ越したい**と両親にお願いしたくらいです……。

営業　私も実家が団地だったので、その気持ちよく理解できます。私の場合は、狭かったら貧乏、広いとお金持ちってイメージがあります。**だから家が狭いと恥ずかしくて、友達呼びたくない**んですよね……。

※（③）過去の価値観を理解：広いリビングに憧れる価値観を理解し共感

旦那さん　そうなんですよね。わかってもらえて嬉しいです。

※（③）過去の価値観を再確認

営業　うちは親父が中学の時に亡くなって、母ちゃんが頑張って育ててくれました。ちっちゃい頃はよく親父の腹の上にのっかって、トトロじゃないですけど……。**ご主人さんはご両親とは子どもの頃どんな感じだったんですか？**

※（③）過去の価値観を探る：幼少期の両親との関係性、そこからの「家についての価値観」を、自己開示しながらヒアリング開始

旦那さん え……？　そういえば、親父とはよく公園でキャッチボールとかしてましたね……。「なんでこんなに早く帰ってくるの？」って思うくらい夕方には家にいたんですよ。公務員で、家族第一に思って、仕事も選んだんだと思うんですよ。友達2、3人と親父とキャッチボールすると、自分ばっかり強い球で取れなくて、「なんでボクだけ強い球なの！」って、悔しくて泣いて帰ったもんでした。今、思うと鍛えてくれようとしたんでしょうけど（笑）。

営業 優しいお父さんですね！　ご主人さんがご家族想いなのはお父さん譲りなんですね。

※（④→⑤）過去から現在の価値観の理解：家族想いという価値観であるとまとめる

旦那さん 懐かしいですね。当時は、「もっと働けよ！」って思ってました（笑）。

営業 お母様との思い出も何かありますか？

旦那さん　僕が小学校の頃、母は病弱で、寝たり起きたりでした。なんかいつも気になってました。今は元気になりましたが。

営業　なるほど。だからご主人さんの、ご家族がリビングで一緒にいる空間の方が仕事がはかどるというのは、その体験からかもしれないですね。

※（④→⑤）過去から現在の価値観の理解：過去の原体験から「家族一緒の空間にいたい」

旦那さん　そうかもしれませんね。話していて僕も今気がつきました……。実家は公団の長屋のような本当に狭くてボロ家だったので、大きなリビングに憧れがあるのも、リビングで仕事したいのも、それがあったからかも。

※（④→⑤）過去から現在の価値観の自己確認。6～9歳ぐらいの話、両親との関係を共有して深い人間関係を構築。「家に関する」思い出から「家に対する」価値観の自己確認

営業　ご主人さんにとって、リビングが広いというのは、外せない条件ですね。

※（④→⑤→⑥）過去現在の価値観を満たす「未来の要望」の確認

旦那さん　そうなんです。今はまだ子ども一人なので3人家族ですが、将来的にもう一人計画してまして……できれば3LDKでリビング広めが希望です。

営業　わかりました。ところで、リビングの広い3LDKであれば新築や中古の戸建物件もありますが、戸建ではなく、マンションを希望されているのは、何か理由があるのでしょうか。

※（④→⑤→⑥）過去現在の価値観を満たす「未来の要望」の質問

奥さん　私が一戸建で育ったんですが、洗濯物を2階に干したり、階段の上り下りをするのが嫌で、マンションのワンフロアでの生活が楽だと今の賃貸に住んでからわかったんです。新築は高いので中古で手ごろなのが理想という話に夫婦でなって今に至ります。

※（④→⑤→⑥）過去現在の価値観を満たす「未来への要望」

※奥様は家に対する価値観（利便性・経済性・資産性）と要望がハッキリしている

営業　さすがですね！　私もこれまで住まいに関するお手伝いをたくさんしてきましたが、たいていの奥さんはマンション派の方が圧倒的に多いです。ワンフロアで利便性を重視したい、中古で**経済性・資産性**を重視したいということですね。では最後にこの他にも「これだけは絶対に叶えたいという、こだわり」がもしあれば教えてください。

※（④→⑤→⑥）過去現在の価値観を満たす「未来への要望」の確認と質問

旦那さん　こだわりですか……。子どもが今は３歳なんですが、**小学校や中学校の距離が近いこと**です。それとリビングが20帖とリビングに和室６帖とがひっついているような間取りです。そこは絶対に譲れない条件になります。

※（①）未来への要望

・学校が近いこと
・リビングが20帖（最初は「今の15帖より広いリビング」が希望だった）
・リビングと和室がひっついている間取り

営業　お子様のことを、第一に考えてらっしゃるんですね。素敵です！　学校が近いことはどうしてなんですか？

※（④→⑤→⑥）過去現在の価値観を満たす「未来の要望」を把握する質問

「なぜ×1」学校から近い物件がいいのはなぜか？

旦那さん　私が小学校も中学校も歩いて30分以上のところに住んでいたので、忘れ物した時や終業式がつらかったので、子どもには同じ思いをさせたくなくて……。

※（④→⑤→⑥）過去現在の価値観を満たす「未来の要望」の自己確認

営業　30分以上も！　それは大変でしたね！　ちなみに終業式はどうしてつらかったんですか？

※（③）過去の価値観を探る**「なぜ×2」**：終業式はなぜつらかったのか？

旦那さん　学校の荷物を一式持ち帰る際に重くて、遠いし、とてもつらいのが**トラウマ**になっちゃったんですよ。

営業　そうなんですね。お子様には、自分と同じようなつらい思いをさせたくないので、お家から近い学校がご希望なんですね。

※（④→⑤→⑥）「学校から近い物件がいい」理由に納得。過去現在の価値観を満たす「未来の要望」の確認

営業　リビングが20帖というのも結構な広さなので物件を探してみないとわかりませんが、なかなか難しい条件になります。

※あまりないというのを遠回しに言っている

旦那さん　そうでしょうね。ネットで物件の検索をしたりしてますが、なかなか無いのは承知しています。でもあれば本当にうれしいです。それと**リビングが20帖**とリビングに和室6帖がひっついているような間取りです。そこは絶対に譲れない条件になります。

※（①）未来への要望

※旦那さんが絶対に譲れないと言っているが、「価値観」から本当？
これは何を大事にしているのか？

営業　リビングが、20帖くらい必要なことは、どうしてですか？
※（④→⑤→⑥）過去現在の価値観を満たす「未来の要望」を把握する質問
「なぜ×1」リビングが20帖なのはなぜ？

旦那さん　**今の15帖よりも広いのが理想**です。今でも広めなんですが、「もう少し広いのが良いね」って家内とも話しているので。
※（④→⑤→⑥）過去現在の価値観を満たす「未来の要望」の自己確認
↓20帖なくても良いことが判明

営業　そうなんですね。では、**15帖よりも広い**というのが理想ですね。リビングに和室の6帖がくっついてるというのは？　これも理想ですか？　少し狭い4・5帖でも大丈夫ですか？

※（④→⑤→⑥）過去現在の価値観を満たす「未来の要望」を把握する質問

「なぜ×1」リビングに和室6帖がくっついているのが欲しいのはなぜ？

奥さん　もう一人子どもを予定していて、赤ちゃんを寝かしたり、上の子が昼寝をしたりできる方が良いと思っていて。リビングに和室がひっついている物件が良いのです。４・５帖でも良いです。

※（④→⑤→⑥）過去現在の価値観を満たす「未来の要望」の自己確認

「絶対に譲れない条件」はリビングの20帖でなく、子どもの世話ができる和室がひっついていることが理想とわかる

営業　わかりました。すべての理想が叶う物件というのは予算もあるので、なかなか難しいかもしれませんが、できる限り理想に近い物件を探してみますので、もし理想の間取り図面をお持ちであれば、私に見せていただけますか？

旦那さん　こういった図面です。

※図面をもらう

営業　ありがとうございます。お話を伺って、お客様の大事にされている価値観が3つあると感じました。

※（④→⑤）過去から現在の価値観を確認するトーク

営業　一つ目は、ご家族との時間を大切にされている。ご家族との一体感を感じる広い空間での生活です。広いリビングで家族と一緒に過ごすことや、リビングで仕事をされたいという点も、お子さまと一緒に過ごす時間を大切にしたい家族とのつながりを重視しているという価値観を感じました。

※広いリビングでの生活は、幼少期の狭い住環境や友人の広い家への憧れからもきているがお客さんに失礼になるので言わない

営業　二つ目が、お子様の成長を重要に考えてらっしゃる。学校が近いことやリビングに和室があることも、（子ども時代の不便さを改善したいという思いと）お子さまが安心して成長できる環境を整えたいという思いが強く感じられます。

三つ目は、快適さと利便性ですね。ワンフロアのマンションを選ぶのも、家事や生活を楽にしたいという利便性を重視されているからですね。特に奥様のご意見を尊重されている点が印象的です。何かお聞き忘れはないでしょうか？

ご夫婦　ありがとうございます。その通りです。

営業　では、ご要望を確認させていただきますね。

※（④→⑤→⑥）過去現在の価値観を満たす「未来の要望」の確認

営業　まずは、リビングが広いこと。できれば20帖と和室がひっついていること。和室でお子様を寝かしていても、広いリビングでお仕事しながら、お子様の見守りもできて安心です。また将来は誕生日会などお子様の友達も呼ぶこともできますね。お子様の小学校、中学校ができる限り近い所ですね。学校も近くだと安心できますし、家族が快適な生活ができるお住まいを望んでらっしゃることがわかります。

そのような理想のお住まいを探しますね。

ご夫婦　よろしくお願いします！

あなた 4次元ヒアリングすごいですね！「トラウマ」が出てくるって！「FBIプロファイリング」とか「カウンセリング」のような感じです。

加賀田 深く深くヒアリングするのです。過去、特に子どもの頃まで遡り、幼少期の親との原体験など、深い深層心理から「価値観に基づいた真のニーズ」を探し出していくのが「4次元ヒアリング」なんです。

あなた ドラえもんのタイムマシンみたいです！ 過去・現在・未来を一緒に旅する感じで素敵です！「なぜ・なぜ・なぜ」で深くヒアリングします！でもちょっと、質問なんですが、小さい時の親の話って何なんですか？

加賀田 その話は、次のページからじっくり解説します！

あなたのお客さんは、あなたに、小さい頃の思い出を語っているだろうか？

「お客さんと会ってすぐに、とっても親密な関係になりたい」と思ったことはあるはずです。作家村上龍氏の『すべての男は消耗品である。』というエッセイからそのヒントを探ってみましょう。

「ＣＩＡの男を思う時に、印象深いフレーズが出てくる。ＣＩＡの方はからだや精神の奥の奥まで入ってくる感じだった、と彼女は思う。

『そう、彼とはよく、小さい頃の話をしたわ』と懐かしく思い出すのだ。

恋愛関係にある男女が、ふと小さい頃の思い出話をする、何でもないことのようだが、ここに大切なことが含まれているのだ。

小さい頃の話といってもいろいろある。誰にも言えなかった幼児体験から、川で魚を釣り上げた記念すべき一日、嫌いだった教師や、印象深い友人、両親に言いたくて言えなかったこと、などなど。

そういう一見他愛もないことを絶対に話せそうもない相手もいるのである。どういうわけか、会ってすぐにそういう話をしてしまう相手もいる。そして、小さい頃の話、それも他人には滅多に話せそうもないことを素直に話せる相手というのは、セックスもどういうわけか、親密なものとなるのだ。」

私たち大人は、強くなければならない、自分にとって役に立たなければならないという関係を相手に求めています。

しかし、小さな頃の自分は、弱くてなんの役にも立ちません。そういった**小さな頃の自分の話をする関係は、特別な関係性**なのです。寝物語で小さい時の他愛もない話をする恋人、無駄話をする親友など、よほど親密な関係でないと小さな頃の話はしないのです。

ということは、親しくない大人では話をしないような、「小さな時のせめぎ合っている制御不可能なカオスのような自分」を話すことで相手は、特別な親密な関係であると錯覚するのです。

「自分は知っているけれど、他の誰もが知らない」小さな頃の思い出は、つまりジョハリの窓の**「秘密の窓」**（P117参照）の共有なのです。

どこまで過去を遡ってヒアリングするか？

あなた　小さい時のヒアリングのポイントってあるんですか？　どこまで遡ればいいんですか？

加賀田　具体的には、幼少期とくに、6〜9歳の頃、大きくても中学生ぐらいまでの話がベストです。お客さんと、ただ友達になりたい訳ではないので、あなたの商品サービスに関するお客さんの小さな時の話を聞きましょう。

・家を売っているのであれば「家に関する思い出」
・保険を売っているのであれば「家族に関する思い出」

マイナスでもプラスでも構いません。とってもつらかったこと、嫌だったこと、腹が立ったこと、うれしかったこと、とっても楽しかったこと、愛情を感じたこと、心の葛藤でも何でもいいんです。そうした**過去の経験が、あなたの商品サービスに関する価値観にどのようにつながっているのか**、を考えながらヒアリングしていきましょう。

「決断の瞬間」にその人の価値観はあらわになるので、お客さんの歴史を遡って聞いていきます。

例えば、住宅営業のケースで探るべきポイントは以下になります。

・現在の家をなぜ選んだのか？（現在の家を選んだ価値観）
・その前はどのような家だったのか？
・その家を選んだ理由は何か？（前の家を選んだ価値感）
・その家を引っ越した理由は何か？（現在の家を選ぶ価値観）
・実家はどのような家だったのか？
・幼少期のご両親との関係は？
・その時に感じていた家に対する価値観は？（家に対する深い価値観）

人材営業のケースで仕事観を探る場合は以下のようになります。

・現在の会社で何を大事にしてどのような仕事をしているか？（今の会社で満たされていない価値観）
・前の会社を辞めたきっかけ
どのような価値観で前の会社を辞めて今の会社を選んだか（前の会社で満たされなかった価値観）
※どんどん遡っていく
・学校をどのように選んだか？（価値観）
※どんどん遡っていく
・子どもの頃、両親とどのような関係性だったのか？
・両親の働き方をどう思っていたか？（働き方に関する価値観）

あなた　なんか自分のミッションを探すワークと似てますね。

加賀田　そうなんです。お客さん自身も普段忘れている、気がついていない原体験に遡ることで、真のニーズ、深い価値観を再確認できるんです。

4次元ヒアリングで価値観を探り当てる（住宅販売の例）

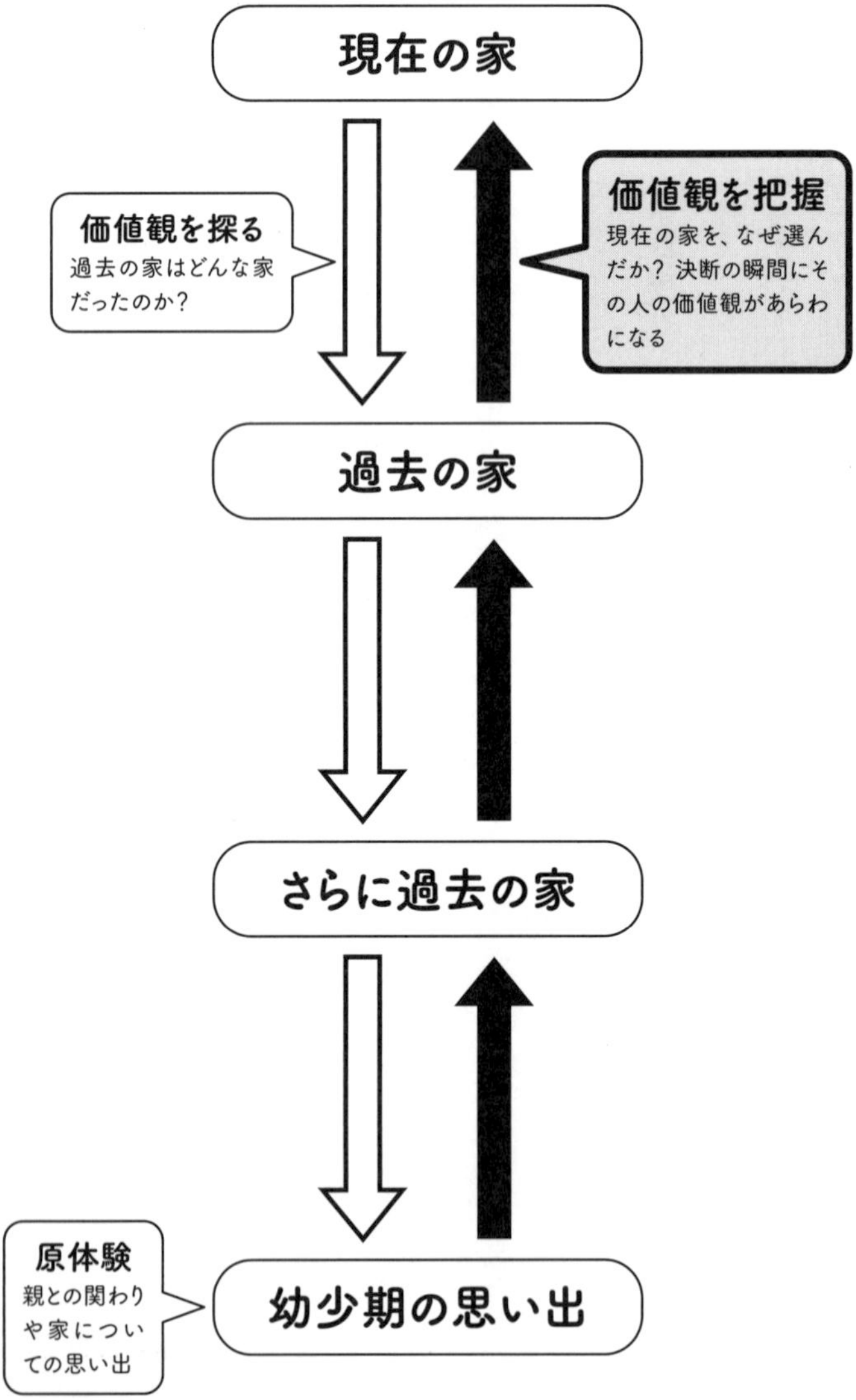

人間関係構築のゴールって何ですか？

台本営業®フレームワーク⑥：人間関係構築のゴール

ゴール1：お客さんに「この人は他の営業マンと違って、私の大事な価値観を理解してくれている！　他の営業マンにも話していないことをもっと話したい！」と思わせる。

ゴール2：お客さんの大事な価値観を理解した上で当社の商品サービスがお客さんを幸せにする価値提供ができることを予感させる。

ゴール3：お客さんに「営業マンの話しをもっと聞きたい」と聞く態勢（医者と患者の関係）にさせる。

（『営業は台本が９割』Ｐ１３２）

ステップ1のまとめ
アクションプラン

☑ダメ営業：ただ説明する

☑普通の営業：偽ニーズ（毒入りチーズ）に騙される

☑御用聞き営業：ヒアリングしまくるが理想の商品はない

☑台本営業® フレームワーク④ 4次元ヒアリング

☑トップ営業：過去に遡り、価値観をヒアリングする

☑台本営業® フレームワーク⑤ 真のニーズに辿り着く公式

☑「なぜ×3」

☑台本営業® フレームワーク⑥ 人間関係構築のゴール

ステップ
2

ニーズを引き出しウォンツアップ「地獄×天国」話法

トップ営業の「ニーズの深掘り」

「上司に『ニーズ喚起しろ』といわれるけれど、どうやったらいいかわからないんです」

あなたは、このような悩みを抱えて、苦しんでいないでしょうか。

私は、全国の企業様に台本営業®研修を実施していますが、トップセールスから「加賀田先生、このやり方、実はやってました！」と言われることがあります。「ニーズの深掘り」はトップセールスが無意識に、もしくは隠れてやっているノウハウなんです。

通常の営業マンはニーズ喚起をしてから、すぐウォンツアップしてしまいます。だから決まらないんです。

台本営業®フレームワーク⑦：ニーズの深掘りとウォンツアップ

「そのうち客」で終わってしまう。表面的なニーズに騙されてすぐウォンツアップしてしまう「毒入りチーズ」に騙されてしまうんです（※P132参照）。

加賀田　例えば、保険セールスでニーズとはなんでしょう？

あなた　病気などになった時に、手厚い保障が受けられる？

加賀田　それはニーズではないんです。ウォンツです。ニーズとはズバリ、「地獄」のことです。ニーズとは「自社の商品・サービス」を使わないことの「地獄」のことなんです。例えば、コーヒーで考えていきましょう。缶コーヒーってどんな時に飲みますか？

あなた　ちょっと眠気を取りたい時とか。

加賀田　ですよね。頭をスッキリしたい時とか、110円ぐらいです。では、ドトールとかいきますか？

あなた　はい。ちょっと仕事の途中で休みたい時とか。

加賀田　軽食が取れたり、タバコを吸う方はタバコを吸えたり、休憩したい時に入ったりします。値段が250円ぐらいとか。では、スタバは？

あなた　パソコンで仕事をしたり、ゆっくり本を読んだり、ちょっと高いので、ご褒美的な感じですね。

加賀田　スタバは「ザ・サードプレイス（第三の空間）」というコンセプトで、癒されに行くわけですよね。さくらフラペチーノとか700円前後したりします。では、ホテルのラウンジとか行かれますか？

コーヒーで比較！ ニーズ（地獄）、ウォンツ（天国）とは

	ニーズ（地獄）	ウォンツ（天国）
缶コーヒー（130円）	缶コーヒーがないとすぐにカフェインを取れず、頭がスッキリしない。	カフェインを取り、頭がスッキリする。気軽に気分転換できる。
ドトール（ブレンドコーヒーS 280円）	ドトールを使わないと手軽に休めない。タバコを吸えない。軽食がとれない。	休憩、軽食、喫煙ができる。
スタバ（コーヒーフラペチーノ® 545円）	スタバを使わないとゆっくりできない。リラックスできない。癒されない。	ゆっくり本を読む。リラックスする。癒される。
ホテルのラウンジ（1500～2000円）	ホテルのラウンジを使わないと商談に失注。お見合いの失敗。	大事な人との打合せ、商談、お見合いの成功。

「そのうち客」を「今すぐ客」に変える！ニーズの深掘りの極意！

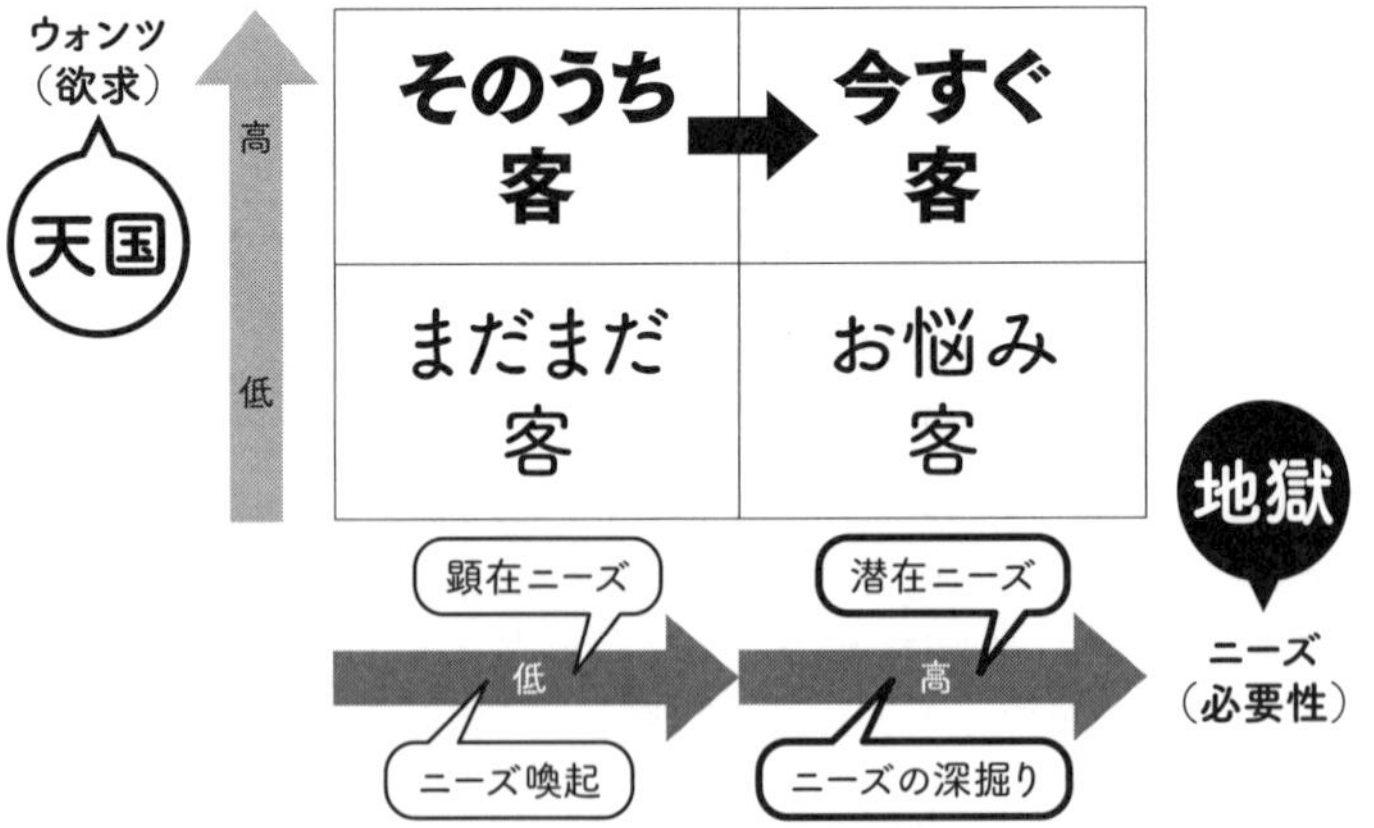

あなた　うーん。あんまり行かないんですが、大事なお客様との商談の時とか。

加賀田　そうですよね。土日になるとお見合いの男女とか、商談で使用したりします。一杯、1500円〜2000円ぐらいします。では、ホテルのラウンジを使わないことの**地獄**は？

あなた　は？

加賀田　ホテルのラウンジでする商談をドトールでやったらどうなってしまいますか？

あなた　なんか、集中できなくて、失注してしまいます！

加賀田 ですよね。では、スタバを使わないことの**地獄**は？

あなた ゆっくりできない、リラックスできない。

加賀田 癒されない……。では、ドトールを使わないことの地獄は？　毎回、ホテルのラウンジに行かなければならないとしたら？

あなた 値段が高くて、気軽に休憩できないです……。

加賀田 缶コーヒーを飲まない地獄は？

あなた すぐスッキリできない、カフェインを摂れない。

加賀田　ということなのです。**ニーズとは、自社の商品サービスを、あなたから買わないことでお客様の被る「地獄」のこと**なのです。

あなた　なるほど。

加賀田　例えば、あなたが保険セールスをしているとして、貯蓄型の商品（変額保険）を売っているとします。であれば、個人年金を準備しないとどういう地獄があるか？　個人年金を準備するとして、ＦＸもあれば、株もあれば、暗号通貨もあれば、不動産投資もあれば、NISA、iDeCoもあるじゃないですか、変額保険を購入していないとどんな地獄があるか？　変額保険を購入するとしてA社、B社、C社、いろいろありますが、当社から買わないとどんな地獄があるか？　当社から買うとして、Aさん、Bさん、Cさん、いろいろ営業マンはいますが、自分から購入しないとどんな地獄があるか？

わかりやすい表現で「地獄」と言いましたが、お客様は問題が悪化しないことを願っていて、限界に達した時にあなたに助けを求めます。そこで、あなたには二つの道があります。

①お客様の問題が、**完全に爆発**するのを待つか？
②**今すぐ、**お客様のその問題に向き合うか？

大きな問題が起こった後に対処するより、起こる前に防ぐ方が、ずっとお客様にとって価値があります。もしあなたが親友と会って、親友が表面的だったらどう思いますか？

あなた　ちょっと、寂しくなります。

ですよね。人間関係が構築できていたら、ニーズの深掘りをしない方が失礼なんです。ニーズの深掘りの7つの原則は『営業は台本が9割』（きずな出版）P157を参照してください。

痛みを避けて、快楽を得る

「地獄と天国」という表現はわかりやすさを優先したためおどろおどろしくしていますが、人は「痛みを避けて」「快楽を得る」というのがモチベーションの基本です。

避けるモチベーション	求めるモチベーション
痛み・不快	快
恐怖	喜び
心配	安心
つらい	楽しい
損	得
失敗	成功
病気	健康
死	生

例えば、家が火事になりそうだとします。火が燃えはじめています。「何とかしないと！」すぐ消火しようと行動に移りますよね。火が消えてから火事にならないような防火設備だったりを整備しようと思うはずです。

人は「問題回避型」のモチベーションが高いか「目的志向型」のモチベーションが高いか、両方高いか、両方低いか、いろいろとありますが、わかりやすくいうと「地獄を避けて、天国を得たい」のです。

ただ「三とう」という言葉「倒産、闘病、投獄」があるように、インパクトがないと人は変わらない。ちょっと歯が痛いからといって、歯医者に行かない。なので、その状況の先にどんな地獄があるか？　を想像してもらう必要があるのです。それが「ニーズの深掘り」なのです。

あなた　どこまでニーズを深掘るんですか？

加賀田　ポイントは緊急度・重要度です。お客さんが「今すぐ（緊急度）、本気で（重要度）状況を変えたい！」と思うところまで、問題を直視してもらうのです！

ニーズの深掘りは、説得ではなく「引き出す」

4次元ヒアリングで顧客の大事にしている価値観がわかったらニーズを深掘りしていきます。ニーズの深掘りとは「お客さんの大事にしている価値観が満たされないとどのように問題が大きくなっていくのか?」です。

・ニーズの深掘りの方法は「どうなりますか?」「どう思いますか?」とヒアリングしていきましょう。ポイントは引き出すのです。コーチングです。
ニーズを深掘り(縦)したら、他に何かニーズがないかの確認(横)をして、テストクローズ。それから、ウォンツアップです。
・ウォンツアップはお客さんが大事にしている価値観が満たされるとどのような天国・ドリームを達成できるか? をヒアリングしていきましょう。

ニーズの深掘り・ウォンツアップで確認すべきこと一覧

4次元ヒアリングで現状を把握		過去に遡ることで見つけた、お客さんの大事な価値観に基づいた現状を把握
ニーズの認定		価値観に基づいた問題点（ニーズ）とは？自社の商品・サービスを使わないことの地獄とは？
ニーズの深掘り（地獄）	縦	今のままだと（この問題を放置しておくと）大事にしている価値観がどう満たされないか
	横	他には？
ウォンツアップ（天国）	縦	大事にしている価値観が満たされるとどのような天国（上質世界）があるか？
	横	他には？

台本営業® ワークシート❻

【ニーズの深掘り・ウォンツアップ】

あなたの商品サービスのニーズを深掘り、ウォンツアップしましょう。

あなたの商品サービス

			P140　住宅営業の例	
四次元 ヒアリング		過去に遡ることで 見つけた お客さんの 大事な価値観に 基づいた 現状を把握	①実家が団地でDKが9帖と狭く友達の家が広くて憧れていたので、今の賃貸は15帖の広いリビングと対面キッチンが気に入って決めた（広い快適な家、夢を叶える） ②子どもの頃母が病弱でいつも心配だったので、リビングで家族と一緒にいると落ち着いて仕事が捗る（家族への慈愛） ③奥さんが2階建の戸建育ちで、現在のワンフロアに魅力を感じている（生活の快適さ） ④子どもの頃、通学が30分以上でトラウマ。我が子には同じ思いをさせたくない（我が子への愛）	
ニーズの認定 （問題点）		価値観に基づいた 問題点（ニーズ） とは？ 自社の 商品サービスを 使わないことの 地獄とは？	①リビングが狭いと「子どもが友達を家に誘いにくい」という自分の過去と同じ侘しい思いをさせてしまう ②狭いリビングに家族4人でいると窮屈で仕事ができなくなる。子どもの成長が見守れない ③2階建の戸建だと上り下りで奥様の家事が大変 ④学校が遠いと、自分がトラウマ級に大変だった辛さを、我が子にもさせてしまう	
ニーズの 深掘り	縦	今のままだと （この問題を 放置しておくと） 大事にしている 価値観が どう満たされ ないか？	①リビングが狭いと「広さ、快適さ、夢を叶える（価値観）」がどのように満たされないか？ ②リビングで家族と一緒にいないと「家族への慈愛」という価値観がどのように満たされないか？ ③ワンフロアでないと「快適さ、奥様への愛（価値観）」がどうみたされないか？ ④学校が近い家でないと「我が子に愛情を注ぎたい（価値観）」がどのように満たされないか？	
	横	他には？	他のニーズがあるかの確認	
ウォンツ アップ	縦	大事にしている 価値観が 満たされると どのような天国 （上質世界）が あるか？	①リビングが広いと子どもの頃の憧れを実現でき「快適で喜びに満ちた人生」自己実現欲求が満たされる ②広いリビングで家族と一体感を感じ、子どもの成長を見守りながら仕事ができると「家族への慈愛」が満たされ、幸福で充実した毎日を過ごすことができる ③戸建でなくワンフロアのマンションであれば、奥様が階段の上り下りで大変な思いをせず「快適な生活」で「奥様への愛情」を表現でき、夫婦関係良好 ④学校から家が近いと、自分が経験した辛い思いを我が子にさせず「我が子に愛を注ぐ良い父親でありたい」という願望を満たせる	
	横	他には？	他のウォンツがあるか確認	

感情を動かす話法「FSVEM話法」

子どもの頃「勉強しなさい！」と親に言われて、「今、やろうと思っていたのに、人に言われたらやる気なくなった！」ということなかったでしょうか？　**説得しようとすればするほど、人は反発しますよね。**　そこで、営業マンはお客さんの**ニーズ（地獄）を引き出したい。**　しかしあなたが見込み客に、

あなた　うちの商品サービスを使わないとどんな**不具合（地獄）**がありますか？

お客さん　え？　まだ使っていないからわからないよ。

と言われたらどうしますか？
お客さんの中に既に答えがある場合にはコーチング的に「答えを引き出す」ことは可能

ですが、答えがない場合にはティーチング的に「教えてあげる」必要があります。しかし、直接的すぎるとお客様は「イラっ」とする。ではどうすればいいか？　答えは、**第三者話法**で間接的に伝えましょう。

うちの商品サービスを使わないと**「どんな地獄」**があるか？　うちの商品サービスを使うと**「どんな天国」**になるか？　を物語で教えてあげればいいんです。

トップ営業の「第三者話法の公式」が「ＦＳＶＥＭ話法」です。

台本営業®フレームワーク⑨：FSVEM話法

■Ｆは Fact：事実（機能性・数字）

■Ｓは Story：物語（自分の物語・第三者）

scene：情景・sense：五感（視覚、聴覚、嗅覚、触覚、味覚）

■Ｖは Value：価値を伝える！

■Ｅは Emotion：感情

■Ｍは Mission：ミッション（使命）・世界観を感じさせる

私たちの「営業トーク」はfact（事実）ばかりなのです。だから、感情が動かないのです。そこで、自分や第三者の物語を情景を思い出しながら語ることによって顧客の感情を動かすことができます。

五感ってなんでしょう？　視覚、聴覚、嗅覚、味覚、触覚ですね。あなたのトークには五感がありますか？　イメージを湧かせる（映像を見せる）とか、匂いとか？　五感を混ぜると感情が動きます。

そして、「価値（Value）」を伝えるのです。例えば、教材販売の営業マンは「教材」を売っているのではなくて「教育による輝かしい新しい未来」を売っているのです。例えば、ある司法書士は自分のバリュー（価値について）「私は、書類代行業でなく、相続争いなどに巻き込まれないように家族の絆を守る」とおっしゃいました。

価値を提供することでどのような感情になってもらいたいですか？

最後がミッションです。お客さんのミッション（使命）を叶えることに貢献できるかです。

寅さんがえんぴつを売る

この「FSVEM話法」を『男はつらいよ　拝啓 車 寅次郎様』(1994年) という名作映画で説明します。

「寅さんシリーズ」をご存じない方もいらっしゃると思いますので説明すると、寅さんは、テキ屋（縁日の境内や参道で、屋台を出して食品や玩具などを売る小売商）でいわゆる営業の「ストリートファイト」の達人なワケです。

その寅さんに、甥の満男（吉岡 秀隆）が靴の営業がうまくいかずにグチをこぼしていたので、急遽、寅さんの「営業研修」が始まりました。

鉛筆を差し出し、一言。

寅さん（渥美 清）　オレに売ってみな。

満男（吉岡 秀隆）　この鉛筆を？

寅さん（渥美清） そうだ。お前がセールス。俺が客だ。さあ、早く売れ！

満男（吉岡 秀隆） おじさん、この鉛筆買ってください……。ほら、**消しゴムつき**ですよ。

寅さん（渥美清） いりませんよ。ボクは字、書かないし、そんなものは全然、必要ありません。以上！

満男（吉岡 秀隆） あ……そうですか……。

寅さん（渥美清） そうですよ！

満男（吉岡 秀隆） ……。

寅さん（渥美清） どうしました？　それだけですか？

満男（吉岡 秀隆） だって、こんな鉛筆、売りようないじゃないか。

ここから、寅さんの口上（セールス）が始まります。

寅さん（渥美清） 貸してみな（満男から鉛筆を取り上げる）おばちゃん、オレ、この鉛筆見るとな、**おふくろ**のことを思い出してしょうがねえんだよ。

おばちゃん（三崎 千恵子） おや、どうして？

寅さん（渥美 清） 不器用だったからねえ、おれは。鉛筆も満足に削れなかった。夜、**おふくろが削ってくれた**んだよ。ちょうどこの辺に火鉢があってな。その前にきちーんとおふくろが座ってさ。白い手で肥後守《ひごのかみ》（※ナイフ）を持って**スイスイ**削ってくれるんだ。その削りかすが火鉢の中に入って**「ぷぅーん」といい香り**がしてな。きれいに削ってくれたその鉛筆でおれは落書きばっかりして、勉強一つもしなかったもんだ。でも、このくらい短くなるとな、**その分だけ頭が良くなった**ような気がしたもんだった。

さくら（賠償 千恵子） あたし、これくらいになるまで使ってた。

博（前田 吟） 頭のとこ、ちょこっと削って名前書いたりして。

さくら（賠償 千恵子） そうそう！

おいちゃん（下條 正巳） 昔は**物を大事にした**なあ。

寅さん（渥美 清） お客さん、ボールペンていうのは便利でいいでしょ？　だけど、**味わい**ってものがない。

満男（吉岡 秀隆） そうですね〜。

寅さん（渥美 清） その点、鉛筆は**握り心地**が一番！　**木の温かさ**、この**六角形が指の間にきちんとおさまる。**　ね、ちょっとそこに書いてごらん。

満男（吉岡 秀隆） うわあー久しぶりだな、鉛筆で字を書くの！

寅さん（渥美 清） どう？　デパートでお願いするとこれ、一本60円はする品物だよ。でもちょっと削ってあるから、ね、30円だな。いや！　いいやいいやいいや、もうただでくれてやったつもりだ！　20円20円。ん、すぐ出せ！　ん、さっさと出せ！

おばちゃん（三崎 千恵子） 細かいのあるかい？　あたしが出しておこう。

満男（吉岡 秀隆） はい（お金を渡そうとする）。あっ！

博（前田 吟） あっ！

タコ社長（太宰 久雄） お見事お見事！

おいちゃん（下條 正巳）さすがだなあ、とらー。

さくら（賠償 千恵子）つられちゃったー。

満男（吉岡 秀隆）おじさん、参りました。

寅さん（渥美 清）いやいや、おれの場合はね、今夜この品物を売らないと、腹をすかして野宿しなきゃならねえなんて事があってさ。のっぴきならねえところから絞り出した知恵みてえなもんなんだよ。

博（前田 吟）だから迫力があるんですよ！

寅さん（渥美 清）ま、人間なんつってもやっぱり勉強が第一だから、な、これからも修行して、**一人前の会社員**になってください。

台本営業® ワークシート❼

【FSVEM話法（寅さんのトーク）】

では、寅さんの口上（セールストーク）をFSVEMに分けてみましょう！

●F：Fact：事実・数字

●S：Story：物語・scene（情景）・sense（五感）

◉V：Value：価値

◉E：Emotion：感情

◉M：Mission：使命

どう？　できましたか？

Fact（事実）は「鉛筆に消しゴムがついている」とかですね。Fact（事実）を聞いて買う気になりました？　事実だけでは、人の気持ちは動きません。

Story（物語）・scene（情景）

感情（Emotion）を動かすには、まずStory（物語）です。寅さんの口上（セールストーク）はどのような物語でした？　寅さんが小さい時、お母さんが鉛筆を削ってくれた思い出ですね。そしてscene（情景）まさに映画のようにお母さんが削ってくれるイメージが湧いてきませんでした？

sense：五感（視覚・聴覚・嗅覚・味覚・触覚）は何がありました？

・火鉢に入った鉛筆を削った削りかすが「ぷぅーん」といい香りがしました。

・握り心地、木のあたたかさ。

五感をフルに活用してトークを作りましょう。例えば、あなたが車のセールスだったら「新車の革張りの匂い」とか。ではちょっと練習してみましょう。

台本営業®フレームワーク⑩：トークに五感をまぜる

例）これは、とても美味しいりんごです

■視覚：**ピカピカ**の**赤い**リンゴ。光を受けて**ツヤツヤ**してて、形も**丸く**て綺麗。**茎がしっかり**してて、見るだけで新鮮そう。

■聴覚：包丁で切ってみると**さくっと**した**いい〜響き**。かじると**「シャキッ！」**って音がして、すごく新鮮な感じ。あの歯ごたえの音って、聞くだけで美味しさが伝わってくる。

■嗅覚：鼻に近づけると、**爽やかで甘くてフルーティーな香りが「ふわっ」**と広がる。ほんとに木から取ってきたばかりみたいな、**自然な香り**。

■味覚：ひと口かじると、**ジューシー**で甘さが**「さー」**っと最初に広がるんだ。そのあと、少し**酸味**が追いかけてきて、**甘さと酸っぱさが絶妙に混ざって**くる。果汁がたっぷりで、口の中がすごく**さっぱり**する感じ。

■体感覚：手に取ると**ちょっと冷たくて、程よい重さ**。**表面はつるっ**としてて、持ってみると**しっかり**してる感じ。でも、ところどころ**柔らかさ**もあって、**手触りが気持ちいい**。ナイフで切ると**シャキッ**とした硬さ。そして真ん中から外側に**たっぷりとした**蜜が溢れてる。

あなたの営業台本（トークスクリプト）の中に五感を混ぜてください。

では「value（価値）」って何でしょう。

鉛筆を見ると、寅さんなんて言ってました？「**おふくろ**のことを思い出して、しょうがないんだよなぁ」って。なので、ただ鉛筆を売ったのではなくて、「あなたも鉛筆を持つと、子どもの頃あなたのために削ってくれた**お母さんの愛**を感じることができるよ」と「**母親の子に対する愛**を感じられるよ」と。

私たちもただの商品を売っているのではなくて、商品に込められた何か（価値）があるわけですよね。そして**お客さんの大切にしている「価値観」を満たす「価値」の提供**をするのです。

どんな**「Emotion（感情）」**がありましたか？　シャーペンと違って、えんぴつは**味わいを感じる**とか、**母親の愛**を感じるとか、えんぴつをひさしぶりにつかうことで浮かび上がる**ノスタルジー（郷愁）**とか、全体的に**ほっこり**する感じであるとか感じられたと思います。

そして、**ミッション（使命）**です。

最後、寅さんは満男に**「一人前の会社員になってください」**とミッションを伝えてました。

寅さんのこの話法はウォンツアップ（天国）の事例でしたが、「当社の商品サービスを使わないことでお客さんがどんな不具合になってしまったか？」その地獄のケースも第三者話法でお伝えしましょう。

示唆質問をしてニーズを深掘ろうと思っても、相手に答えがない場合があります。

「『ニーズの深掘り』や『ウォンツアップ』の質問をしてもお客様が答えてくれない」、という悩みを感じたら、このＦＳＶＥＭ話法を使っての**第三者話法で、自然と効果的な「ニーズの深掘り（地獄を見せる）」「ウォンツアップ（天国を見せる）」ができるのです。**

【FSVEM話法（あなたのトーク）】

あなたの商品サービスのFSVEM話法を作成してみましょう（天国・ウォンツアップ編）

	あなたの商品サービス（天国）
	【F】Fact（事実・機能性：数字）
	【S】Story（物語）scene（情景） 【S】sense（五感）
	【V】Value（価値を伝える）
	【E】Emotion（感情）
	【M】Mission（使命感）

寅さん（天国）
【F】Fact（事実・機能性：数字） 消しゴムが付いていて便利。 デパートだと100 円だが20 円で買える。
【S】Story（物語） scene（情景） 小さい頃にえんぴつがうまく削れなかったので、 火鉢の前でえんぴつを削ってくれたお母さんの思い出。 **【S】sense（五感）** えんぴつの削りカスが火鉢に落ちて燃えるいい匂い。 握り心地、木の温かさ、六角形が指の間にきちんとおさまる。
【V】Value（価値を伝える） えんぴつを見るとお母さんの愛を感じる。 えんぴつが短くなると、その分だけ頭が良くなった気がする。 ボールペンにはない味わい。
【E】Emotion（感情） 木の温かさ。懐かしさ。お母さんの愛。
【M】Mission（使命感） 一人前の会社員になる。

「地獄×天国」話法の具体例

では、具体的に例を見ていきましょう。

■Iさん（保険業）地獄：社長が自殺されたケース

保険の営業職をする前の話なんですが、仲良くしていた3代目の社長さん。建設業で30期ぐらい黒字の会社だったんです。

税理士さんに、財務は見てもらいながらやっていたんですが、昔ながらの会社で、利益をおさえようとしていた。決算の時期が近づくと交際費を使ったり、車を買ったりしていたんです。会社の飲み会の時、知らない電話がかかってきた。何度も、何度も。出たら、奥さんから「旦那がかえってこないんです！　Iさんが知っているお店とか、頼りそうな人で思い当たる人いませんか？」

後でわかったんですが、会社の資金繰りが厳しくなって、黒字だけどキャッシュ（現金）

がなくなった。建売で土地を買って、土地が売れなければお金が入ってこない。

1週間後、遺体で見つかりました。

「生命保険が入るからそれで、借金を返済してくれ」というメモが残っていた。

共通の友人が奥さんに「どんなお亡くなり方だったんですか？」、「思い出したくないんでいいですか？」、その友人は「軽率だった。反省した」と。

1億5000万、保険金が支払われたんですが、足りなかった……。

借金も1億5000万だったんですが、受け取る保険金は会社の場合は雑収入、利益になるので、約30％の税金分が足りなかった。借金が5000万残った。会社も倒産。5000万の借金を背負って会社を引き継ごうとする人は誰も現れなかったんです。

会社の借金は社長個人の連帯保証。相続したら奥さんの借金になるので、奥さんは相続放棄することになりました。土地家屋、預貯金、車、すべての財産が相続できない。奥さん、子ども2人は無一文になった。家族全員が、不幸になってしまったのです。

税金分まで保険に入っていたら、「家族を守る」という社長の思いが無駄にならなかった。「命をかけても家族を守りたい、会社を守りたい」という思いが、結果、遂げられなかったんです。

「会社の財務を強くする」ことをアドバイスする人がいればよかったんです。自己資本比率が低い、内部留保が少なかった。「税金を払うのがいやで、使ってしまう」のではなく、「税金を払ってでも、会社にお金を残す」方がよかったんです。

それと、借入の交渉をすれば、どこか貸してくれる可能性もあったかもしれない。パニックになってしまった。そういった状態で思考停止してしまったのかもしれない。一人で死ぬのはとても怖かったと思います。

「社長は孤独」です。そういった時のアドバイザーになりたいと思ったんです。

■天国

そして今、こんなお手伝いをさせていただいているんですが、お話ししてもよろしいでしょうか？

お客さん　**お願いします。**

保険にはいっぱい入っていたんだけれど、保険本来の保障目的でなく、お金が増える減るだけで保険に入っていた建設業の社長さん。

保障が足りていなかった。持っていたのは、何かあった時の死亡保険だけだったんです。

「俺、死なないし、病気にもならない（笑）」とおっしゃっていたんですが、経理をやっている奥さんが、「あんた（旦那）の家系、ガンでなくなっている人いるでしょ、入って」と説得されて入ったんです。

52歳だったので「三大疾病になっても大変なので」と、三大疾病になると最大1億もらえる保険に入ったら、半年後に健康診断をしたら胆管ガンが見つかったんです。

「Iさん、ガンになっちゃったんだよ」

幸い早く見つかったので、他に転移せず、すっかり良くなりました。

「保険料、まだ35万しか払っていなかったのに、1億もらっちゃったよ」「保険料もこれ以上かからないし、5000万の借金も返済できちゃって、おかげさまで黒字経営だよ。保険入っててホント良かった！」

こんな風に喜んでいただけて、私もとっても嬉しいです。

保険って、死亡だけを考える方が多いんですが、実際は亡くならないで、大病を患って、会社が危機に陥るケースも多いんです。このケースのように、死亡以外でも会社がしっかり守れるように、保険に入っていただくように提案させていただいております。

■Tさん：老後資産形成ニーズ（地獄）

私、以前、理学療法士というリハビリをする仕事をしていたんですが、訪問リハビリで70代の老夫婦のお宅へ行った時に「年金だけだとお金が足りなくてね、毎日食費を削ってるんだよ」と話されたことがあったんです。

「普段何食べてるんですか？」

「朝昼、兼用で、いろんなクリームが挟まった100円の長細い菓子パンあるでしょ？あれを2人で半分にちぎって食べてるの。安いからパンがパサパサしてて美味しくないの。あとは夕方になったら近所のスーパーでお弁当に半額シールが貼られるから、シール貼られるの待って買ってきて、夜に2人で半分に分けて食べてるの。揚げ物はべちゃべちゃしてたり、味も濃くて美味しくないの」

「そうなんですか……」

「これだけ困ってても、やっぱりお金で息子には頼りたくないし……孫を連れて来られても何もしてあげられないから、最近は『孫が来るのも嫌だなぁ』って思うようになっちゃって……」

「年金だけでは老後の生活費が足りない」とはよく聞きますが、「まさにこういうことか！」と切なく悲しい気持ちになりました。当時私は、先輩の保険屋さんに、保険から将来的な備えまで全てお任せしていたので、自分は心配しなくても大丈夫だろうと思っていました。

そんなある日、妻の友人の紹介でファイナンシャルプランナーと会う機会があり、加入していた保険の良し悪しから、今後必須になる金融知識を教えていただいたところ、「うちの夫婦も、将来年金だけでは毎月13万円も生活費が足りない！」ことがわかったのです。

本当に申し訳ないんですが、「あの老夫婦のような老後を送りたくない！」と、将来に向けての投資もスタートしました。それが初めて将来のお金と真剣に向き合うきっかけになりました。

■天国（ウォンツ）

極力リスクを取らない資産形成のプランニングをしてもらい、毎月5万円程の積み立てをすることで、65歳になる時、最低保証で約〇〇〇〇万円が完成する内容でした。それが最低保証なので、運用結果によってはそれ以上に増えることが期待できる内容です。

最低ラインの約〇〇〇〇円だったとしても、その資金を堅実な年利〇%で運用していくことで、元手を減らすことなく毎月13万円の配当収入というセルフ年金が作れるようになる。という感じです。

※過去の実績20年の提示

※自分の最近の事例（運用実績、どれくらい結果が出ているか？）

そのおかげで、例えば将来子どもが孫を連れて遊びに来ても、焼肉屋さんに連れて行って、美味しい牛タンを炭火でジュージュー焼いて食べさせてあげて、孫から「おじいちゃんおばあちゃんいつもありがとう」って笑顔で言われたり、自分の好きな趣味を楽しんだり、老後も定期的に温泉旅行でもして、雪が降る中、湯気の立つあったかい温泉に浸かって「あー、極楽極楽！」って言って、のんびりキンキンに冷えたビールが飲めるようになるわけです。

ファイナンシャルプランナーになる前の私のように、お金の話、金融の話というと難しくて避けてきている人が多いと思います。知識がないまま、考えないまま、老後を迎えるとどんな生活が待っているか目の当たりにしてきました。
お金に対してなんとなく漠然とした不安を抱えている方の悩みを解消し、私と関わっていただいたみなさんが、生涯豊かで幸せな生活を送っていけるようサポートをするため、現在は私自身もファイナンシャルプランナーとして活動しています。

加賀田　これくらいギャップ（落差）を感じてもらうことではじめて伝わるんです。ちなみに「あなた、いい加減、コツコツ真面目に生きた方がいいですよ」と言われたら？

あなた　（は？）正直、ちょっと、イラッとしました。

加賀田　ですよね。小さい頃、絵本を読まなかったでしょうか？「コツコツ誠実に生きなさい」と説教を言われても反発してしまいます。そこで「アリとキリギリス」のように物語があるのです。
具体で普遍を伝えるのです。単なる一般論、観念論、正論は死んでるんです。物語を話すことでお客さんの中で、概念が活き活きと動き出すんです。

ステップ2のまとめ
アクションプラン

- ☑ 台本営業® フレームワーク⑦ ニーズの深掘りとウォンツアップ
- ☑ 台本営業® フレームワーク⑧ ニーズの深掘り・ウォンツアップ縦と横
- ☑ 台本営業® ワークシート⑥ ニーズの深掘り・ウォンツアップ
- ☑ 台本営業® フレームワーク⑨ 感情を動かす話法「FSVEM話法」
- ☑ 台本営業® ワークシート⑦ FSVEM話法（寅さんのトーク）
- ☑ 台本営業® ワークシート⑧ FSVEM話法（あなたのトーク）

ステップ 3

商品説明は価値観を満たす「ベネフィット（利益）」がポイント

セールスポイント・メリット（利点）と、ベネフィット（利益）とは

まず、質問です。❶と❷の縦線ですが、❷の方が長く見えませんか？
良くある心理テストの図でご覧になったこともあったかもしれませんが、商品説明も同じように、魅せ方一つで、欲しくなったり、欲しくなくなったりするのです。その秘訣を探りにいきましょう。ではまず、「あなたの商品説明はセールスポイントだけになっていませんか？」という話からスタートします。
セールスポイント・メリット（利点）と、ベネフィット（利益）を、トークに両方入れると刺さる営業台本になります。

あなた　どういうことですか？　ちょっと、何言ってるかわかりません。

加賀田　ですよね。例えば、あなたが女性で男性からこんな風に言われているのを想像し

え!? 同じ長さ？ 魅せ方ひとつで印象が大きく変わる！

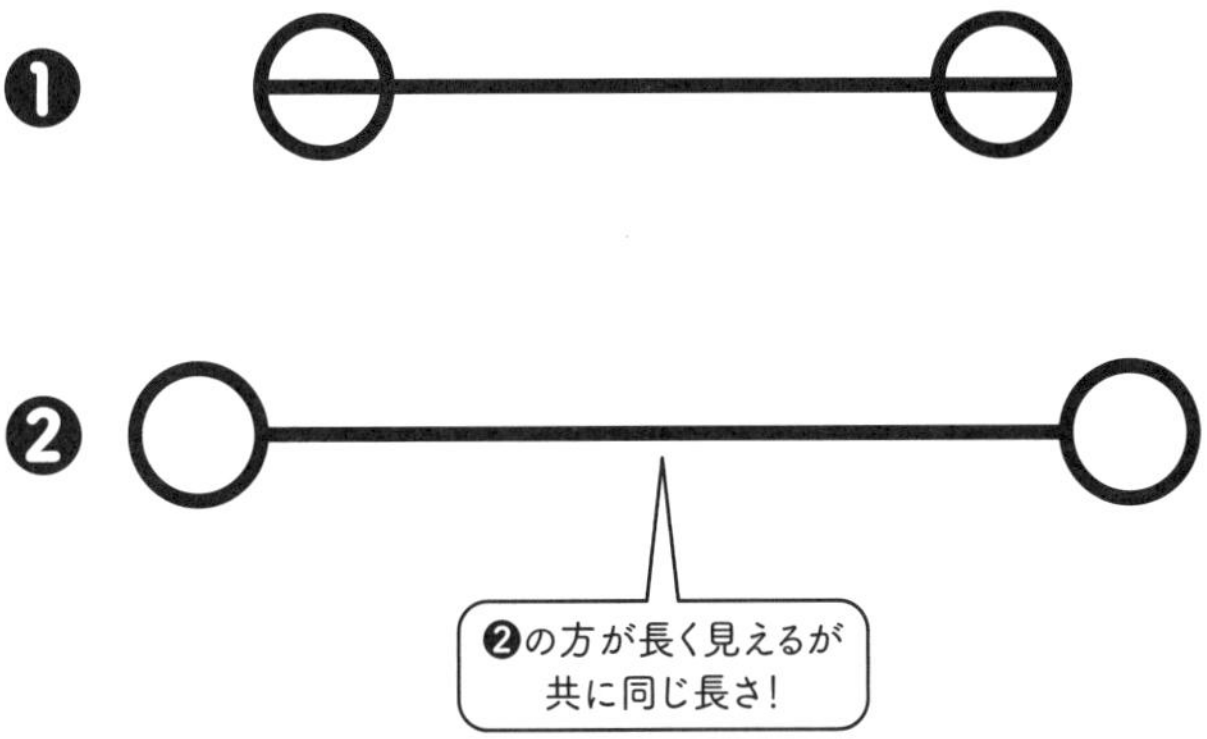

てください。「オレの家は資産家でさー、50億の財産、オレが相続するんだよ。港区のタワマンに住んでて、有名大卒、一流企業勤務、身長は180センチ。いわゆる3高」って言われたらどうですか？

あなた　なんかイヤな男、鼻につく感じですね。「そんな男になびく女じゃないぞ！」って思います。

加賀田　ですよね。ではその男から「あなたのことが大好きです。私のすべての財産、人生を差し上げます。お友達からでいいので、どうかよろしくお願いします！」と言われたらどうですか？

あなた 急にいい感じです。まず話を聞いてみようと思うかも。

加賀田 そういうことなんです。今までまったく関係なかった彼のセールスポイント・メリット（利点）の資産などが、あなたのベネフィット（利益）になったからです。

あなた なるほど！ こちらのセールスポイント・メリット（利点）を相手のベネフィット（利益）に転換することが必要なんですね！

加賀田 そうです！ セールスポイント、つまりいくらメリット（利点）だけを説明しても伝わりません。しかし、落とし穴があるんです。

あなた へ？

加賀田 実は、ベネフィット（利益）だけでも伝わりません。例えば、「私の人生を差し上げます！」っていきなり言われたらどうですか？

あなた　うーん。それもちょっと、何言ってるかわからなくなります。

加賀田　ベネフィット（利益）だけだと、証拠がないので、セールスポイント・メリット（利点）も必要だということです。ちなみに漫才師って誰が好きですか？

あなた　サンドウィッチマンとか。

加賀田　いいですね！

では、富澤さん思い出してもらって「ちょっと、何言ってるかわかんないんですけど」ってセルフツッコミして、セールスポイント・メリット（利点）をベネフィット（利益）に転換しましょう。

「メリット」とは商品が持つ特徴（目立つ点）や長所（他社と比較して優れている点）です。「ベネフィット（利益）」はユーザーがメリットを得ることでどういった変化、結果を得るかなのです。では真のベネフィット（利益）を見つける公式をお教えします。

台本営業®フレームワーク⑪：ベネフィット（利益）を見つける公式「so what（だから何？）」×3

例えば保険セールスで、

「この保険は今までの保険と還元率が○%も違うのです」と言うのは、その保険のセールスポイント・メリット（利点）ですよね。

あなた そうですね。お客さんからしたら、「ちょっと何言ってるか？」わかりません。

これに真のベネフィット（利益）を探す公式で、

◉「so what（だから何？）」×1

「今までの保険と比較して、お得なんです」

◉「so what（だから何？）」×2

「1年で今までの保険と比較して、10万円も、お得になるんです」

◉「so what（だから何？）」×3

「ですから、1年で今までの保険と比較して10万円もお得になるので、『ちょっと贅沢な旅行とかに行けてとっても癒された！』ってお客様から喜びの声をとってもいただいているんですよ！」

のように、**「so what（だから何？）」×3**で、見込み客の購買意欲をグンと高める真のベネフィット（利益）を見つけることができます。

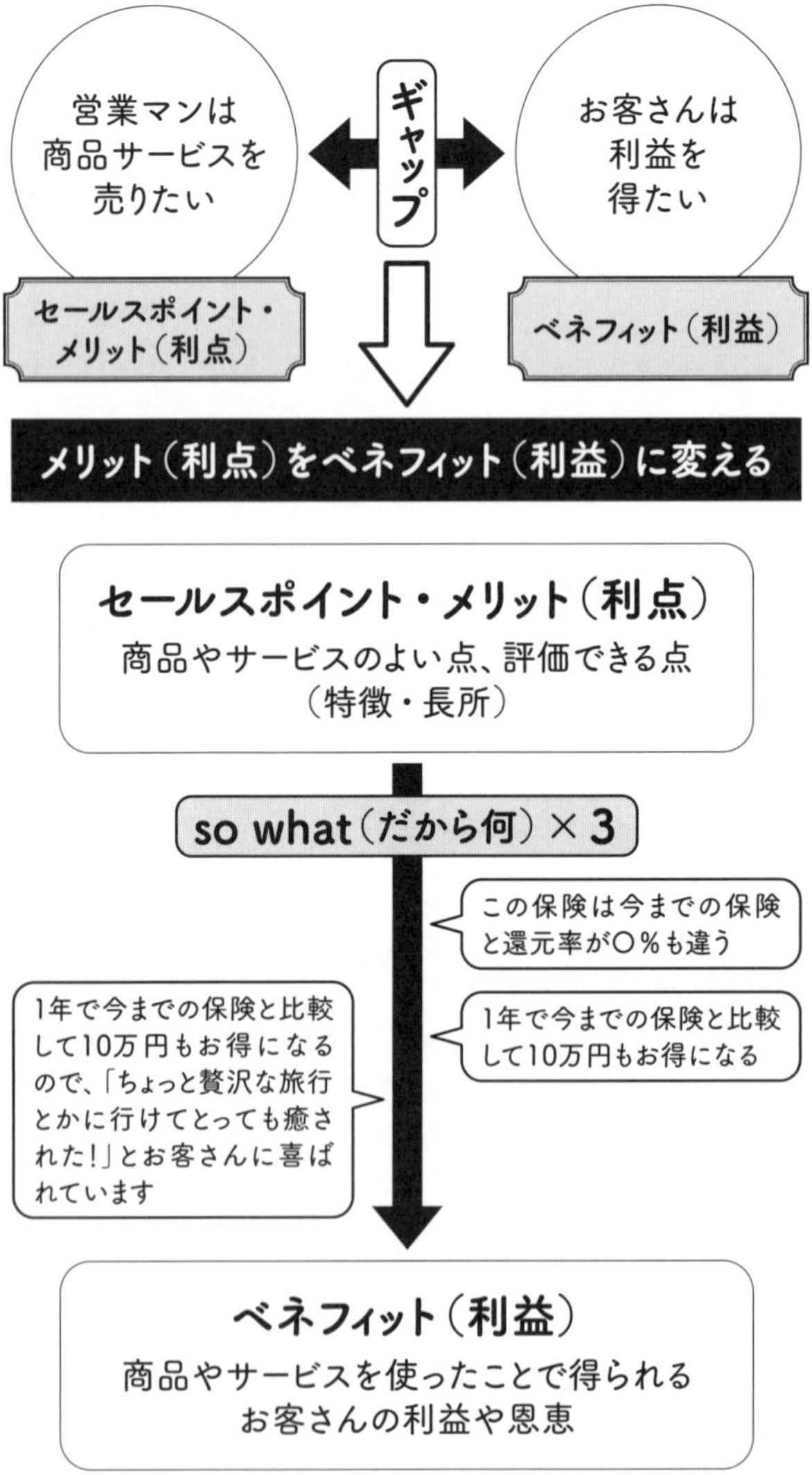
営業マンは
商品サービスを
売りたい
ギャップ
お客さんは
利益を
得たい
セールスポイント・
メリット（利点）
ベネフィット（利益）
メリット（利点）をベネフィット（利益）に変える
セールスポイント・メリット（利点）
商品やサービスのよい点、評価できる点
（特徴・長所）
so what（だから何）×3
この保険は今までの保険
と還元率が○％も違う
1年で今までの保険と比較
して10万円もお得になる
1年で今までの保険と比較
して10万円もお得になる
ので、「ちょっと贅沢な旅行
とかに行けてとっても癒さ
れた！」とお客さんに喜ば
れています
ベネフィット（利益）
商品やサービスを使ったことで得られる
お客さんの利益や恩恵

ポイントは、メリット（利点）だけでも伝わらないし、またベネフィット（利益）だけでも根拠（理由）がないので、説得力がないことです。つまり、両方必要なのです。「お金で計れる価値に基づいて、どれだけ儲かるか（お得か）を明確に理解してもらえるか数値化すること」がキモです。

では、ワークであなたの商品サービスを、セールスポイント・メリット（利点）とベネフィット（利益）に分けてみましょう。

台本営業® ワークシート❾

【メリット（利点）をベネフィット（利益）に転換する】

セールスポイント・メリット（利点）	ベネフィット（利益）
メリットをベネフィットに変える→So What（だから何×3）	
商品やサービスの良い点、評価できる特徴や長所	商品やサービスを使ったことで得られるお客さんの利益や恩恵
この保険は今までの保険と還元率が○○%も違う（保険営業） ⇨	×1）1年で今までの保険と比較して10万円もお得になる ×2）ちょっと贅沢な旅行に行ける ×3）癒される
駅から徒歩10分（住宅営業） ⇨	×1）通勤時間が短いので楽、買い物が便利 ×2）資産価値を維持しやすい ×3）万が一の時も高く売れる

あなたの商品サービスでやってみよう！

⇨	
⇨	
⇨	

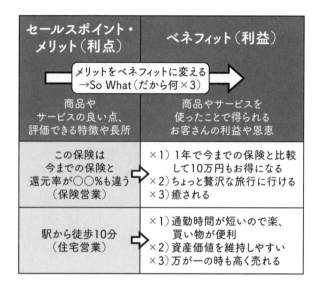

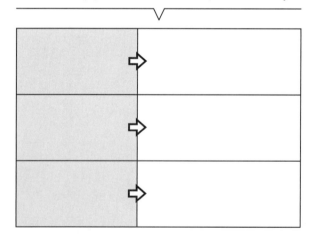

FABEC（ファベック）の公式

さて、セールスポイント・メリット（利点）とベネフィット（利益）をさらに詳しくみていきましょう。

台本営業®フレームワーク⑬：FABEC（ファベック）の公式

セールスの先進国アメリカでできた「FABEC」という使える商品説明の公式があります。日本シェアナンバーワンの、ある外資系会社の営業コンサルをした時も「加賀田先生、うちもこれ、やってます！」と言われた、実証済みノウハウです。

①Feature（フィーチャー）：特徴
②Advantage（アドバンテージ）：長所

}セールスポイント・メリット（利点）

③Benefit（ベネフィット）：利益
④Explanation（エクスプラネーション）：説明
⑤Confirmation（カンファメーション）：確認

トップ営業の商品説明を分析すると、この5つの要素になることがわかったのです。
④Explanation（エクスプラネーション）：「説明」は、「どうしてそうなるの？」とお客さんから聞かれたら、F・A・Bに戻って説明するということ。
⑤Confirmation（カンファメーション）：「確認」は、商品説明のテストクロージングです。「何かわからないことはございませんか？」のように聞くこと。
ですので、F・A・Bについて詳しく説明します。
特徴（Features）と長所（Advantages）は営業マンが話したくてしょうがないセールスポイント、メリット（利点）です。これにお客様目線でのベネフィット（利益）を入れると購買心理に刺さる営業台本になるのです。

人は、「それって私にとって得なの？　損なの？」と考えています。もしくは、「それって私にとってどんな意味があるの?」でも良いです。自分にとって何なのか? です。ですが、多くの説明は、セールスポイントである営業側のメリット(利点)ばかりを話してしまっているのです。

メリット(利点)は「商品やサービスの特徴(Features)や長所(Advantages)」を指し、ベネフィット(Benefits)は「その商品を手にして何がどのように変わるのか? 何が得られるのか?」です。

あなたのトークがセールスポイント・メリット(利点)ばかりだと、お客さんは「売り込まれている」と感じてしまいます。

ベネフィット(利益)を加えるとお客さんが自ら、「欲しい!」という営業台本になるのです。

FABECの公式に当てはめる

【FABEC（ファベック）の公式に当てはめる】

手順1：商品サービスのセールスポイント・メリット（利点）をFとAに分ける

「特徴（Features）」は他と違って目立つ点。「長所（Advantages）」は他（他社）と違って優れている点です。「スマホ営業」の例で見てみましょう。

1. Featuresは、毎月の携帯代が安くなる
2. Advantagesは、○○なら、今お使いのスマホのプランやメールアドレスなど変更せず、今と同じ使い方ができる。○○であればさらに、安くなる。手続きも簡単で、30分で変えることができる。

台本営業® ワークシート⑩

手順2：ベネフィット（Benefits：利益）を分解する

1. ニーズ・ウォンツを利益にする
お客さんから聞いた価値観を満たすニーズとウォンツを商品説明に当てはめる
2. 数字でわかりやすく表す（特にお金）
3. 3つの体験を活用する

体験には3種類あります。トップ営業は3つの「体験」を活用することで、立体的になり説得力が増します。

体験1：お客さんに体験してもらう

車の販売であれば試乗体験。住宅営業でしたらモデルハウス。

実際にどうやって体験してもらうか？　考えてみてください。

体験２：お客さんの声・第三者の体験（第三者話法）

ライザップCMは利益（ベネフィット）が非常に効果的に演出されてますよね。ビフォー（地獄）とアフター（天国）が音楽（聴覚）や視覚でわかり易く演出されています。

また棒グラフなどで数字を演出するのも効果的ですね。

体験３：自分の体験

「今年発売された最新の美容液で化粧ノリが全然違うんです。」より、「私ももちろん購入したんですが、肌が、「ピーーーン」と張って、ツヤツヤ、プルプル感、びっくりするほど化粧ノリが良くなったんです！」の方が伝わります。

体験も、お客さんに体験してもらう、第三者の体験談を話す、自分の体験談を話すと「点」から「線」にそして「立体」になり、より説得力が増すのです。

トップ営業のFABECの公式で、魅力的な商品説明に！

商品名		例）スマホ営業	あなたの商品サービス
セールスポイント・メリット（利点）	特徴 Features	毎月の携帯代が安くなる	
	長所（他社比較）Advantages	○○なら今お使いのスマホやプランやメールアドレスなど変更せず、 今と同じ使い方ができる。 さらに、安くなる。 30分で変えることができる。	
ベネフィット（利益）Benefits	ニーズ・ウォンツを利益にする	節約できた分を自分の人生に使える。 ・子あり家族：子どもにかかるお金 （塾、教材、食費、ランドセル） ・独身：自分の趣味 （旅行、筋トレ、衣類） ・ご年配：将来の不安 （年金が少ない、家族に迷惑をかけたくない）	
	数字で表す ※特にお金	家族3人で月2,4500円の携帯代が 12,000円になり、毎月1,2500円、 年間15万も節約。	
	体験させる	料金シミュレータでビフォー・アフターを視覚的に体験させる	
	お客様の声（ビフォー・アフター）	「家族3人で使うようになって2年経つから、もしその時に○○○にしておけば2年間で30万円節約できてた。30万損した！こんなに早く手続きが終わるんだったら2年前にやっとけばよかった」ってめちゃくちゃ悔しそうでした。もっと早くしておけば良かったって。	
	自分の体験（感想）	自分の父母も料金が安くなった。月2万円が9,000円になった。年間132,000円節約できるようになったので、「旅行好きの両親は旅行行ける回数増やせるね！ありがとう！」ってめちゃくちゃ喜んでくれた。□□□は実店舗がないので、故障などでオペレーターに電話で症状を説明するのがそもそも難しい。	

商品説明のトーク例

※型に当てはめてオリジナリティが出る

営業：プリウスはハイブリッド車ですので、ガソリンエンジンだけでなく、ハイブリッドモーターで動いています。従来のガソリン車に比べて、エンジンの負担が少ないんです

※ほかと比べて目立っている点
（FEATURE＝特徴）

お客様：なるほど

営業：ハイブリッド車のプリウスの一番の売りは燃費です。燃費がいままでのお車の倍になるんです。ですから、ガソリン代がものすごく浮くんです。月に1万円のガソリン代だったら、月5,000円浮きます。5,000円×12か月ですから、年間6万円もお得ですよ！　いまでしたら、エコカー減税やグリーン化特例などが適用されるので、12～13万円もお得なんです！

※ほかよりもとくに優れている点
（ADVANTAGE＝長所）

お客様：それは、すごいですね

営業：そうなんです。お値段的にお得なのはもちろん、先ほど、お客様は、「閑静な住宅街に住んでいるので、ご近所のことを考えると車のエンジン音が気になる。とくに夜は、エンジンをかけてセルが回る時のキュルキュルという音がかなり気になる」とおっしゃってましたが、プリウスはハイブリッド車ですので、セルを回さずに、モーターのみで始動するので、とても静かなんです。ご近所を気にするストレスもなくなります。

営業：もちろん、運転の時のエンジン音も気にならないほど静かなので、運転もゆとりが出て、ドライブも楽しめますよ。では、試乗してみましょうか？（実際の車をお見せしながら説明。試乗などで体感）

※ヒアリングで聞いたお客様のニーズとウォンツを商品説明に入れる（BENEFIT＝利益）

お客様：う〜ん。ちょっと普通と違ったのが欲しいんですよね

営業：ですよね！　先ほど「普通の車とちょっと違ったのが欲しい」とおっしゃってましたよね。なので、ハイブリッドのプリウスがぴったりです。というのも、昔は高級外車がトレンドでしたが、最近はお金持ちの人が、ベンツでもBMWでもなく、プリウスを買われるんですよね。「どうしてですか？」とお聞きすると、「ハイブリッド車に乗って、地球環境も配慮してるという“環境に対する意識の高さ”がかっこいいんだよね」とおっしゃるんです。ですから、○○さんのような、違いのわかる方に乗っていただきたいんです

※「どうしてそうなの？」と聞かれたら、特徴・長所・利益に戻って説明（EXPLANATION＝説明）

営業：何か、ご質問はございますか？

※商品説明のテストクロージング（CONFIRMATION＝確認）

お客様：大丈夫です

※『図解でよくわかる！　営業は台本が９割』（きずな出版）P122から引用

ステップ3のまとめ
アクションプラン

- ☑ 台本営業®フレームワーク⑪ ベネフィット（利益）を見つける公式「so what（だから何？）」×3
- ☑ 台本営業®フレームワーク⑫ セールスポイント・メリット（利点）をベネフィット（利益）へ転換
- ☑ 台本営業®ワークシート⑨ セールスポイント・メリット（利点）をベネフィット（利益）へ転換
- ☑ 台本営業®フレームワーク⑬ FABEC（ファベック）の公式
- ☑ 台本営業®ワークシート⑩ FABECの公式に当てはめる

ステップ
4

「価値観営業4C分析」で価値観を満たすクロージング

「価値観営業」5つのセールスステップで、5つの『不』を乗り越える

あなたが恐れている、そして、期待している「クロージング」のステップにきました。お客さんは売り込まれると「これは、怪しい。よっぽど営業マンのメリットになるのでは……」と思う傾向があり、失注につながります。ではどうすればいいか？　購買心理から「商談の5ステップで乗り越える心理的な壁」を見てみましょう。

- 商談ステップ①「人間関係構築」で営業マンや会社に対する不信・不審の解消
- 商談ステップ②「ニーズの深掘り・ウォンツアップ」で不要・不急の解消
- 商談ステップ③「商品説明（FABEC）」で不適の解消
- 商談ステップ④「選択のクロージング」で不満の解消
- 商談ステップ⑤「反論解決4ステップ」で不安の解消

セールスステップ	お客さんの状態	【営業】価値観営業で克服
ステップ1	不信・不審	「4次元ヒアリング」で価値観レベルの深い人間関係を構築する
ステップ2	不要・不急	ニーズの深掘り・ウォンツアップ（FSVEM話法）で「今すぐ」「本気」でなんとかしないと、お客さんの大事な価値観が満たされないと思ってもらう
ステップ3	不適	商品説明（FABEC）でお客さんの大事な価値観にピッタリだと思ってもらう
ステップ4	不満	「選択のクロージング」でストレスなく満足してもらう
ステップ5	不安	「反論解決4ステップ」でお客さんの価値観を満たし、安心してもらう

クロージングとは「お客さんの価値観を満たす価値提供」

クロージングの「満足」とは「お客さんの価値観を満足させる価値提供」ということです。

あなた　**クロージングの定義はなんですか？**

「私（当社）の「商品・サービス」は、あなた（御社）の価値観を満たす価値を提供する」ということです。

ただの価値提供だと「高い」と感じてしまうのが、お客さんの価値観を満たす価値を提供することで、「高い」の壁を突破できるのです。

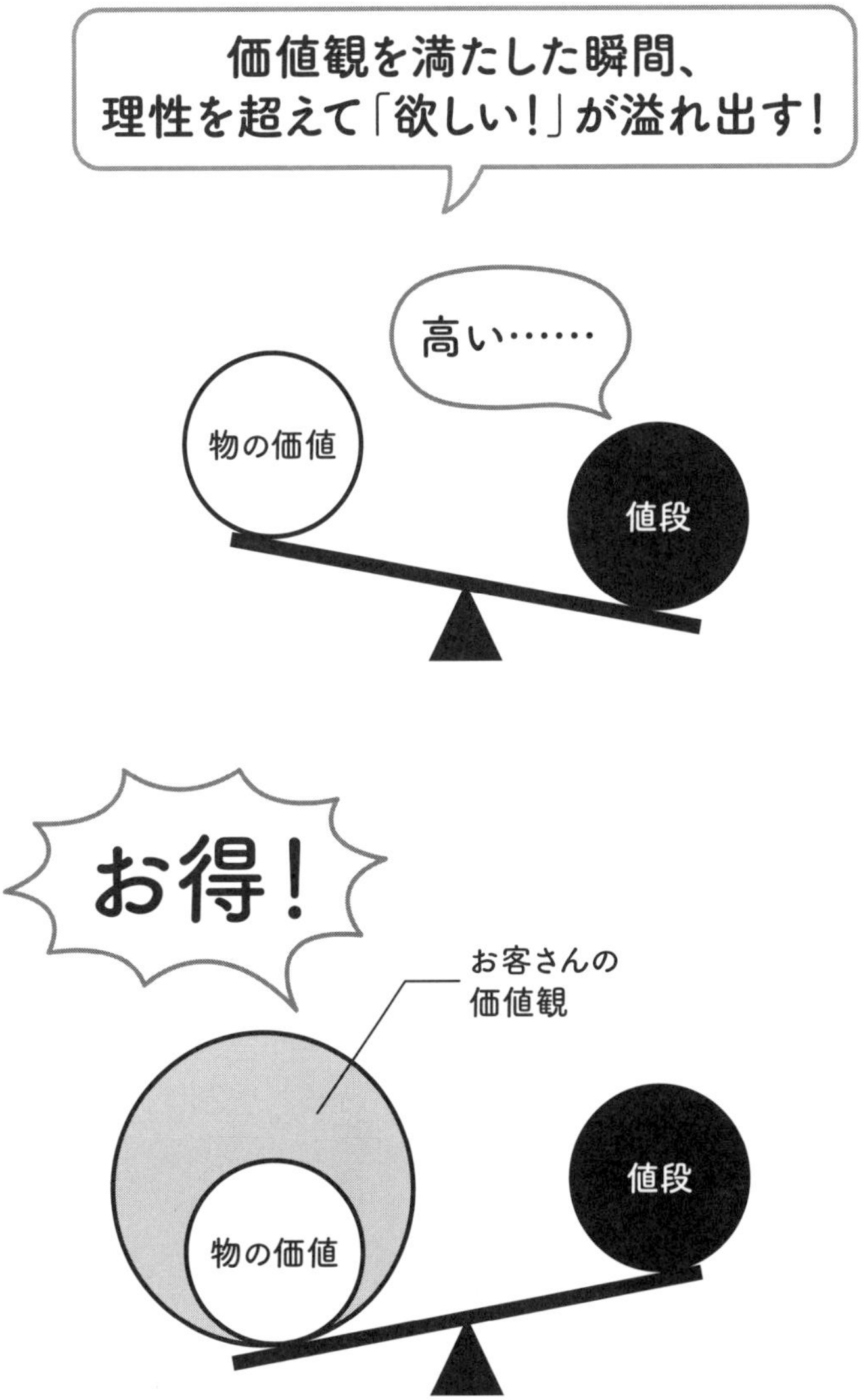
価値観を満たした瞬間、
理性を超えて「欲しい！」が溢れ出す！
高い……
物の価値
値段
お得！
お客さんの
価値観
物の価値
値段

「機能的価値」と「情緒的価値」

今まで、お客さんの「価値観」について多くお話ししてきたので、「価値提供の」「価値」について考えてみましょう。

お客さんにあなたの商品サービスが提供する価値、**「顧客提供価値」は「2つの切り口」**から考えるとわかりやすいです。

それが、「機能的価値」と「情緒的価値」です。

機能的価値とは、商品やサービスの品質、素材、価格、性能（スペック）などの機能面での価値。それに対して情緒的価値とは、ブランドイメージ、ブランドストーリー、など人がその商品やサービスから感じる価値、顧客との「見えない絆《きずな》」のことをいいます。

製品として性能・性質がよいだけでは顧客には認められません。「創業秘話・誕生秘話」などの「ストーリー・物語」、つまり「情緒的価値」があることで差別化ができます。

ドイツにおける自動車のブランドイメージ

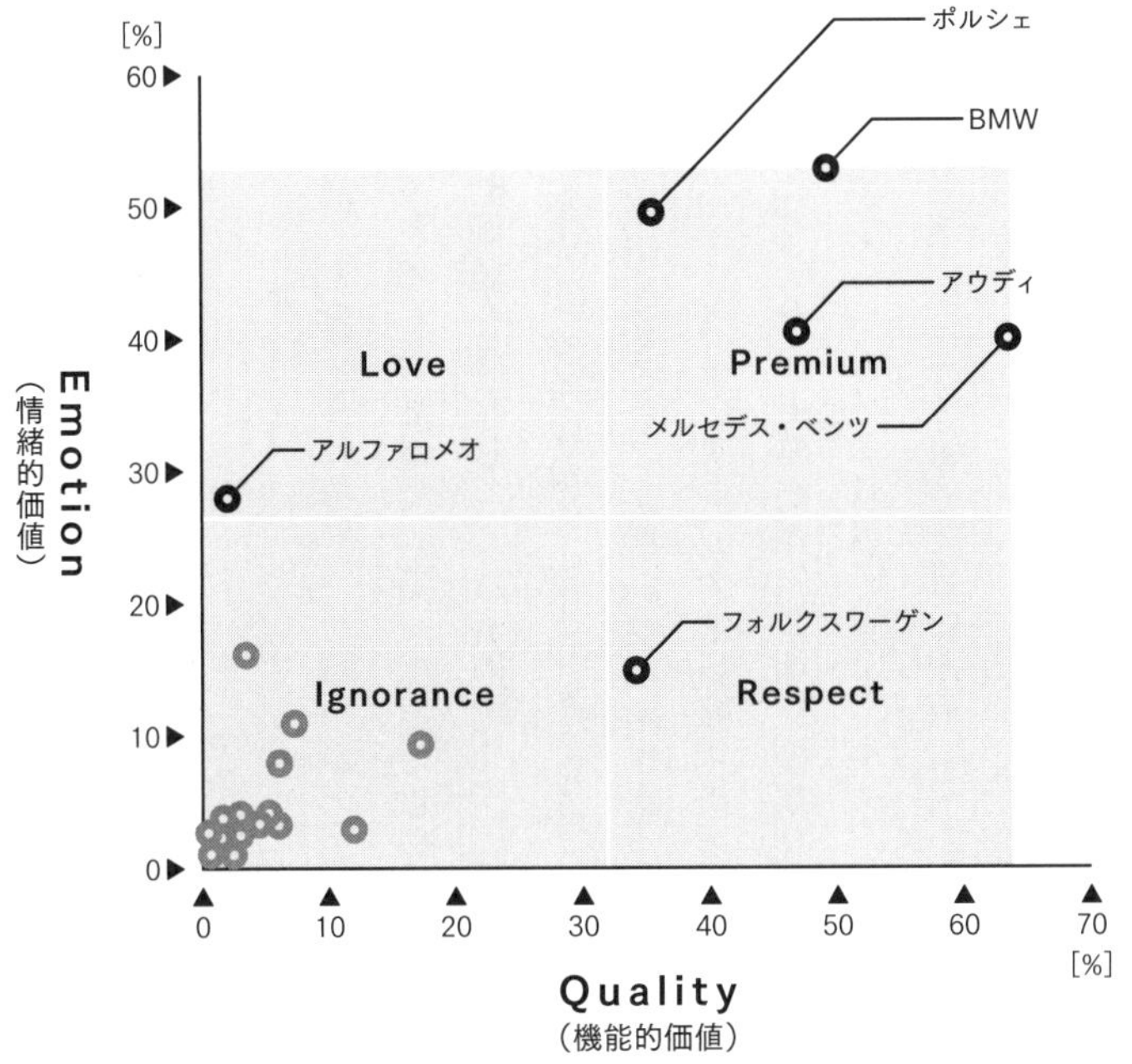

※「auto motor und sport 2003」より作成

「Quality」と「Emotion」の両面とも高いセグメント（Premium）として位置づけられているのがBMW、メルセデス・ベンツ、アウディ、ポルシェの４ブランド。「Quality」は高いが「Emotion」が低いセグメント（Respect）としてはフォルクスワーゲン。逆に「Emotion」は高いが「Quality」は低いセグメント（Love）としてアルファロメオがあげられている。

お客さんの「上質な世界・世界観」を満たそう

「魅力的な商品」とは、それを使った時のかっこいい自分（大事にしている信念・価値観・世界観が満たされる）が想像できる。上質な世界に入ったことがありありとイメージできるという情緒的価値を満たしてくれるのです。

つまり、モノを売るのではなく「楽しいシーン（その人の価値観が満たされた）」を売る。FSVEM話法のドリームトーク（ウォンツアップ）を思い出してください。

・スタバ　↓　ザ・サードプレイス（第三の空間・癒しの空間）
・日産セレナ　↓　「モノより思い出」
・スタジオアリス　↓　子どもの思い出
・5メガのMP3プレーヤー　↓　iPod：1000曲をポケットに

USJの事例

クリスマスシーズンの来場者が前年比の倍以上になったテレビCMを作成した（株）ユー・エス・ジェイ 元CMO森岡毅氏の事例を見てみましょう。

それまで、クリスマスに流していたTVCMは、「昼は魔法の雪が降り、夜は無数のイルミネーションが包み込む」というイベントや施設の説明するなど「機能的価値」を説明する一般的なCMでした。

そこに、森岡氏がCMを作成したことで、来場者は前年比の倍以上になったのです！

何をしたか。

コアターゲットを**「小さな子ども連れファミリー」**と定め、**「子どもと本気で楽しめるクリスマスはあと何回もない」という親の切ない深層心理「情緒的価値」に訴えかけた**のです。（『USJを劇的に変えた、たった1つの考え方』（森岡毅著）より）

「もっとわかりやすい説明をすると『あなたのまだあどけなくてかわいい娘はすぐに大き

くなって、クリスマスなんてあなたと一緒に過ごしたがらなくなります。すぐにクリスマスイブは帰って来なくなって、ホテルで彼氏と過ごすようになりますよ。だってお母さん、あなたにも身に覚えがあるでしょう？』というもの」

「いつか君が大きくなってクリスマスの魔法が解けてしまうまでに、あと何回こんなクリスマスが過ごせるかな……」というコピーをパパ目線のナレーションで語らせたのです。

ＴＶＣＭでは大人っぽい表情ができる少女をキャスティングし、父親と2人でクリスマスのパークをデートしているストーリーを撮りました。

「娘が女になる！」という親の恐れを掻き立てるために、娘が無邪気にパパの二の腕を掴んで斜め45度の目線で笑う「オヤジ殺しショット」など、「無邪気な娘の女の顔」を彷彿させるアングルや仕草を徹底的に計算して盛り込みました。

あなた　いや〜。すごいですね！　でも、どうやって、「情緒的価値」を見つけることができるでしょうか？　ムズカシそうです……。

加賀田　大丈夫！　「価値観営業4C分析」で魅力的なコンセプトを作成しましょう！

「価値観営業４Ｃ分析」３Ｃ分析からのConcept（顧客提供価値）作成

まず３Ｃ分析とは、マーケ・セールスにおいて企業を取り巻く環境を分析するフレームワークです。そこから導かれるのがＣ（Concept）顧客提供価値です。

台本営業®フレームワーク⑯：「価値観営業４Ｃ分析」でConcept（顧客提供価値）作成

３Ｃ分析の「Ｃ」はCompany（自社）、Customer（顧客、市場）、Competitor（競合）の頭文字を取ったものです。そこに商品説明の「fabecの公式」と「地獄×天国話法」をかけ算していきましょう。

- **顧客（Customer）の利益（Benefit）は？**

↓うちの商品サービスを使わないとこんな地獄になる

↓うちの商品サービスを使うとこんな天国になる

・競合（Competitor）に対する長所（Advantage）は？

・自社（Company）の商品サービスの特徴（Feature）は？

そこから導かれるのがC（Concept）顧客提供価値です。

「メルセデス・ベンツ」というブランドを思い浮かべてください。どのようなイメージが想起されるでしょうか？　高級車、ドイツの技術力、三ツ星のエンブレム、黒い色、お金持ちが乗っていそう、ちょっと怖い人も乗っていそう……。それらは全てメルセデス・ベンツのブランド・エクイティーです。

「吉野家」はどうでしょうか？　牛丼、オレンジの看板、はやい・うまい・やすい……。思い浮かんだ全てがあなたの頭の中にある「吉野家」のブランド・エクイティーです。

（『USJを劇的に変えた、たった1つの考え方』（森岡毅著）より引用文）

ブランド・エクイティー（Brand Equity）：消費者の頭の中にあるブランドに対する一

定のイメージのこと。ここでは、コンセプト（concept）顧客提供価値のことです。

例えば、スタバのコンセプトを顧客目線で見てみましょう。

・Customer　顧客：家庭と職場を往復するだけの生活でストレスが限界（顧客のニーズ・地獄）

←しかし

・Competitor　競合：都市には息をつく場所がない（競合が提供していない）

←そこで、

・Company：くつろげる空間。ゆったりとしたスペース。上質なソファ。心地よいＢＧＭ。おいしい珈琲の香り。

←つまり、

・Concept：新しい意味　The third place（第三の場所）

さらにＦＡＢＥＣの公式をかけ算してセクシー（魅力的）なコンセプト（顧客提供価値）を創りましょう。

価値観営業4C分析で顧客の価値観を震わせるConceptの作成

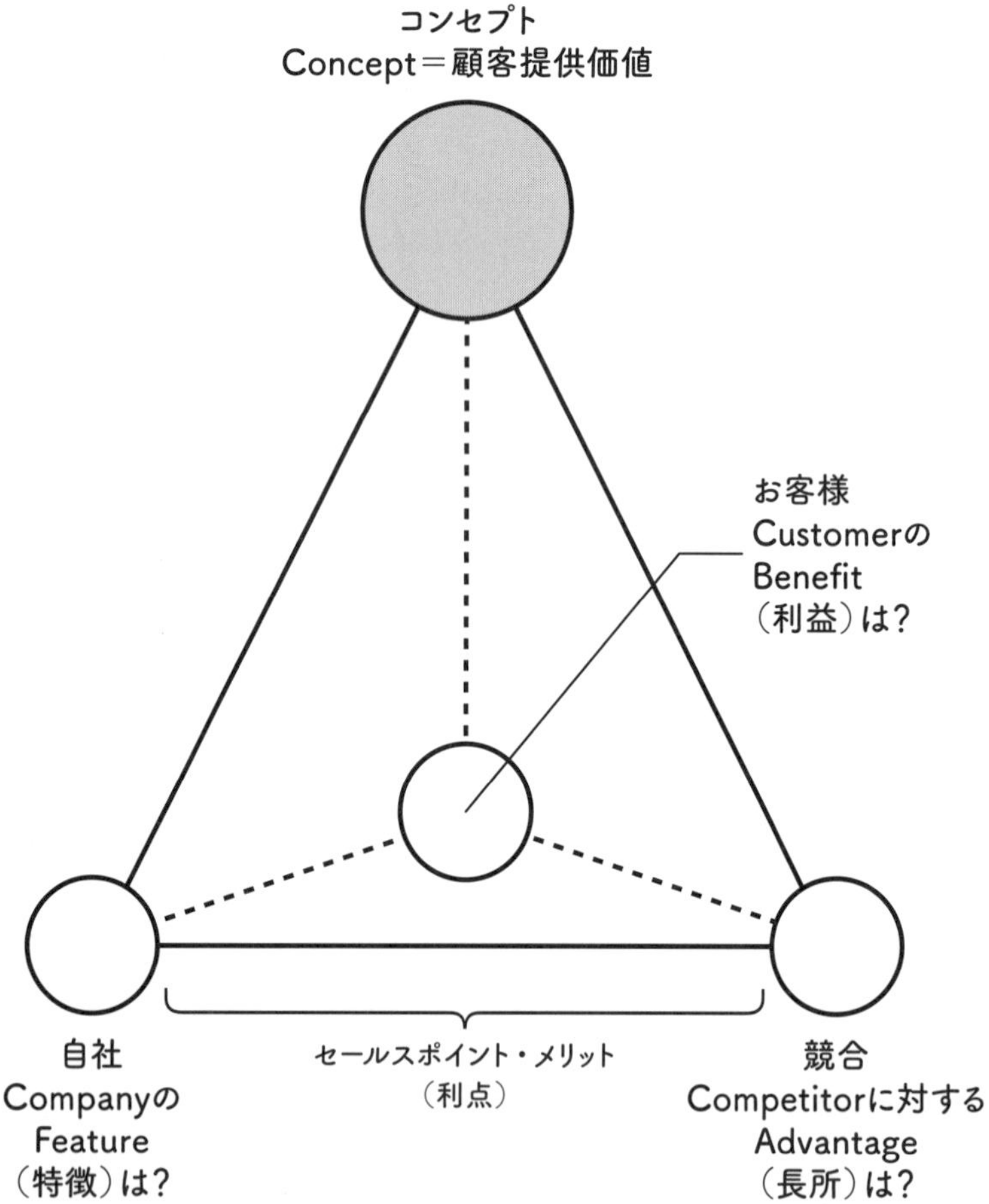

お客さんが困っていて、あると得なこと（顧客の Benefit）で、競合は提供しておらず（競合に対する Advantage）、自社が提供できる特徴（Feature）が、コンセプト（Concept）顧客提供価値。

台本営業® ワークシート⑪

【「価値観営業４Ｃ分析」でConcept（顧客提供価値）作成】

・顧客（Customer）の利益（Benefit）は?
当社の商品サービスを使わないことの地獄と使うことの天国
インサイト（顧客も気づいていないかもしれない痛み）は何?

←しかし

・競合（Competitor）に対する長所（Advantage）：競合は怠慢で提供していない

←そこで

・自社（Company）の商品サービスの特徴（Feature）は？

←つまり

・**顧客提供価値：（Concept）**です。**機能的価値**（商品やサービスの品質、素材、価格、性能など）はもちろん、**情緒的価値**（ブランドイメージ、ブランドストーリーなど）も満たしているか、顧客との**「見えない絆」**が結ばれているか？　「価値観営業４Ｃ分析」で、**お客さんの価値観を震わせる、生きたみずみずしいConcept**を作成しましょう！

台本営業®フレームワーク⑰：「選択のクロージング」

「選択のクロージング」

クロージングの革命、「選択のクロージング」の具体的なトーク例は、『営業は台本が9割』（きずな出版）P207を参照してください。

営業マンは、昔は決断トーク、つまり「決めてください！」という、「NO」と言わせないためのクロージングトークを一生懸命磨いたのですが、直接的すぎたので、お客様も営業マンもお互いにストレスでした。

しかし、「選ばせるクロージング」では、望んで選んでいただくだけですから、お互いにストレスがないのです。

NG：イエスかノーで決めてください！

OK：この3つのプランであれば、「どれがいいいなぁ」と思われますか？

ステップ4のまとめ
アクションプラン

☑ 台本営業® フレームワーク⑭ セールスステップで、5つの「不」を乗り越える

☑ 台本営業® フレームワーク⑮ 価値提供だけではなく、価値観に合わせることが重要

☑ 台本営業® フレームワーク⑯「価値観営業4C分析」でConcept（顧客提供価値）作成

☑ 台本営業® ワークシート⑪「価値観営業4C分析」でConcept（顧客提供価値）作成

☑ 台本営業® フレームワーク⑰「選択のクロージング」

ステップ
5

見込み客の「価値観」を満たす反論解決

反論解決「4ステップ」とは

あなた　理不尽なことがあって、落ち込んでるんです……。

加賀田　どうしたんですか？

あなた　しっかり、反論解決したのに、キャンセルが来たんです。

加賀田　それは見込み客の**「価値観を満たす反論解決」**ができていなかったのです。

その場では勢いで「ＯＫ」と言ってしまったんですが、時間が経つにつれて購買意欲が下がってしまったんです。「価値観を満たす反論解決」を体得しましょう。まず反論解決の基本は４ステップ、最後にクロージングをして螺旋のように、顧客の反論を解決します。

反論解決には、4つのステップがある

反論解決ステップ1

「質問により検討（反論）の状況を明らかにする」

反論解決ステップ2

「反論に共感し、ほめることで、心を開いてもらい、聞く態勢をつくる」

反論解決ステップ3

「提案する」

反論解決ステップ4

「お客様が提案を受け入れるメリット（明確な理由付け・具体例）を話す」

「断り」は質問が8割

そもそも「営業がイヤ」な人は「断られるのがイヤ」だと思うんですが、営業の重要なマインドセットは、**「断りは質問だ」**というものです。

例えば、

・「高い」は、「その商品サービスにそれだけの価値があるか、今までの説明ではわからなかったので、わかりやすく教えてください」

・「お金がない」は、「一括で払うだけのお金があるかわからない。FP（ファイナンシャルプランナー）さんと一緒に住宅ローンのシミュレーションがしたい（住宅営業）」「カード分割など、支払い方の種類を知りたい」

など、**断りはお客さんからの質問**なのです。

ちょっと練習してみましょうか？

台本営業® ワークシート⑫

【断りを質問に置き換えよう！】

・「時間がない」はどのような質問に置き換えられますか？

・「必要がない」はどのような質問に置き換えられますか？

・「急いでない」はどのような質問に置き換えられますか？

・「家族（上司）に相談したい」はどのような質問に置き換えられますか？

・「今決めたくない」はどのような質問に置き換えられますか？

・「他社を見てたい」はどのような質問に置き換えられますか？

回答例

- **「時間がない」の置き換え例**

他の商品と比較検討したいんですけど、今使っているメーカーと比較検証する時間がないので、わかりやすく教えてください（メーカー営業）

今、忙しい（子どもの受験、子育て等）のでスタート時期を別の時期、例えば、受験後、育休明けにずらせるんですか？（主婦向け教室業）

忙しい時間の中でも、やるメリットはありますか？　他の塾よりも、こちらの塾の方がメリットがあるのか違いを教えてください（塾営業）

- **「必要がない」の置き換え例**

私にとって、本当にどんなメリットがあるのかわかりやすく教えてくださいその程度だったら、自分でできるのではないですか？（教室業）

- **「急いでいない」の置き換え例**

今、決めないとダメですか？（自分の問題点に気づいていないので）今、やらないとどんな不利益があるか教えてもらえますか？

・**「家族（上司）に相談したい」の置き換え例**

家族に同じようなことを話していただいてもよろしいですか？

提案内容が会社にとってメリットかどうかわからないので、上司に確認する時間をもらっていいですか？（対法人営業）

信用していいんですか？　言われるままに、自分で決める自信がないので、家族に聞いてもらって同じ考えか知りたいので、時間をもらっていいですか？

・**「今決めたくない」の置き換え例**

今後似たような商品で、もっといいものが出てくるか知りたいです

自分で責任を持って決めたくない（対法人）

・**「他社を見てたい」の置き換え例**

比較して良さを確かめたいんですが、わかりやすくポイントを教えてください

御社の商品の強みをわかりやすく教えてください

このように、お客さんの「断り文句」を質問に置き換えてみましょう。

あなた　そもそも私が売っているのが高級商材で、自分で買ったことがないので、お客さんの気持ちを理解できないいんです。

加賀田　ホンダ自動車の本田宗一郎氏は、同じような質問に「信長や秀吉の鎧兜や陣羽織は一体誰が作ったんだ！」と言ったそうです。等身大の商品しか作れない、売れないのであれば、世の中に高級品は存在しません。では、どうすれば良いか？「一体化」です。映画を観てまさに主人公になりきってハラハラドキドキしたことがあったはずです。相手の背中にぬいぐるみのようなチャックをイメージして、相手の中に入り込むのです。そして、相手の目で世界を見て、聞いて、感じてみましょう。

「断り」の残り2割とは

あなた　残り2割は？　なんですか？

加賀田　1割は、「覚悟」です。試されているんです。例えば、あなたが女子だとして、彼氏とデートしてたとします。ケンカになって、「もう帰る！」と店を飛び出したとします。どうしてもらいたいですか？

あなた　そりゃ、追いかけてきて欲しいです。

加賀田　もし、追いかけて来なかったら？

あなた　「それまでの気持ちなのかな？」って思ってしまいます。

加賀田 ですよね。覚悟を試されているんですよ。残り1割は、タイミングがあっていなかったり、本当にNGな場合です。それを見極めるために「反論解決は5回はやる」のようにに自分でルールを決めておいてください。

あなた そうは言っても、断られたら、ツラいですよ……。

加賀田 そこで、ミッショントークです。反論解決して、お客さんも「いいのはわかったけど、なんか一歩踏み出せない」と「一押し」が必要な時に、「ちょっと、私の話をしてもよろしいでしょうか？」と許可をとってから、ミッショントークを話しましょう。「じゃあ、○○さんを信頼して、やって（買って）みましょう！」とお客さんの気持ちが動き、商談が再び進み始めます。

価値観を満たす反論解決

ダメ営業は、あきらめるか、すぐ否定する。
普通の営業は、議論して、商売を失う。
トップ営業は、どうするか？　価値観を満たす反論解決をするのです。

×ダメ営業：すぐ否定
否定されるとそのまま受け入れて後日、良い返事が来るのを待つ。または、意見を否定されるとその判断自体を否定されたような気になる。無意識に、全人格を否定されたと「カッ」としてすぐ反論。

△普通営業：ディスカッション（議論）してしまう
何とか思考を切り替えようと議論してしまう。お客さんは、正論だけに、ムカつく。も

しくは、何かが違うような気がして決断できない。「議論に勝って、商売を失う」。

○トップ営業：価値観を満たす反論解決

お客さんの大事にしている価値観を思い出してもらい、その価値観から反論解決に導く。

【設定：住宅営業。納得しているが「何となく決断したくない」という反論】

×ダメ営業①：すぐあきらめる

お客さん　ちょっと検討したいんです。

営業　どうされました？

お客さん　他の物件も見てみたいんです。

営業　かしこまりました。では、じっくりご検討くださいね。

↓すぐあきらめる（営業未経験者にありがち。ペコペコ営業）

×ダメ営業②：すぐ否定する

営業　いや、今、出てる物件が全部の物件です。これがベストですよ。
いま決めてください。

お客さん　……。でも……。

↓すぐ否定する

△普通の営業：ディスカッションする（議論に勝って商売を失う）

お客さん　ちょっと検討したいんです。

営業　どうされました？

お客さん　もっと他の物件があるかもしれないですよね……。

営業　なるほど。お客様の希望条件を確認しますと、18帖とリビングが広いこと、リビングの隣に4帖か、5帖の和室があること、学校が近いこと、スーパーが近くて買い物が便利、駅に近いので生活が楽、このような希望条件でしたよね。

↓条件を確認する（価値観からではない）

お客さん　はい……（そりゃ、そうだけど）。

営業　希望条件がすべてかなっている物件です。こんな良い物件ないですよ。今、決められない理由は他に何かあるんですか？

お客さん　え、と……。

営業　実は、我々はこの物件の売主ではなく仲介なので、物件を止めておくことができないんですね。〇〇さんが気に入った物件ですので、他の方が見ても気に入るはずです。この物件は、掘り出し物なんです！　いいんですか！　他の人にとられても！　今しかないんですよ！　今決めたら安くしますよ！

お客さん　え、と……。

↓押し気味、ムリヤリ契約しても後でキャンセルされる

〇トップ営業：価値観を満たした反論解決

・反論解決４つのステップを螺旋のように繰り返し最後クロージング
・不安と心配を分ける。不安⇓原因不明。心配⇓原因確定。
・価値観に基づいて解決する

反論解決ステップ1

クロージングで「検討します」が出たら、何を検討したいかを笑顔でやさしく質問

反論解決ステップ2

共感と褒めることでお客さんの「聞く態勢」を作る

反論解決ステップ3

提案。この物件が最適であることの確認。この物件のどこが気に入ったのか？　欲しい理由を自己確認し自己説得してもらう

反論解決ステップ4

理由づけ。お客さんの価値観からこの商品が最適であることを具体的に理由づけし確認してもらう

選択のクロージング

「選択のクロージング」でストレスなく決めてもらう

営業　○○様、長時間お疲れさまでした。いかがでしたか？　今日これらの物件を一通りご覧になってみて。

↓案内した物件の資料全部を提示

旦那さん　そうですね、今日見た中ではコレが良かったですね、やっぱり。

↓満足されていた物件資料を指差す

↓やはり気に入っていることを再確認

営業　やっぱり。そうですよね、この物件良かったですよね。かしこまりました。それでは、ご契約日ですが、平日と土日とどちらがよろしいでしょうか？

↓返済計画（住宅ローンの返済シュミレーション）、事前審査も済んでいる場合

↓選択のクロージング開始

旦那さん　あ、いや、とりあえず大丈夫です。
↓気に入ってはいるが、クロージングされるのを回避したい（今決めたくない）
営業　どうされました？
↓反論解決4ステップ開始。価値観の再確認。即決難しければ次回のアポ取り
旦那さん　ちょっと、1回持ち帰って検討します。
営業　もし良かったら、どんなところをご検討されたいとか、教えてもらってもよろしいですか？
↓反論解決ステップ1：質問をすることで検討の状況を明らかにする
旦那さん　そうですねーなかなか即決できないというか。
↓明確な反対（心配）ではなく、なんとなく不安なだけ（不安）、本当は自分が納得できる、即決する正当事由がほしいだけ、背中を押してほしいだけの可能性が大きいのではと仮説。

営業　そうですよね。人生に何度もない大きな買物ですからね、慎重になって当然です。ご主人さんは堅実ですね！

↓反論解決ステップ2：共感して褒める

営業　ちなみに奥様はいかがでしたか？

奥さん　はい、すごい良かったと思いますけど。

営業　けど……？

奥さん　悩みますよね、いま決めちゃっていいのかなって。

営業　ご主人と同じですね（笑顔）。ちなみに、お二人はこの物件のどんなところが良かったと感じられました？

↓反論解決ステップ3：提案（自己説得を促す）

旦那さん　どう？

↓優しいご主人が奥様に回答を委ねる

奥さん　え、ん〜、私は**駅から近くて便利なところ**ですね、**駅周辺にお店もたくさんあるので買い物も楽**だし（自己説得）。

営業　そうですね、**家事や生活を楽にしたいという利便性を重視したい**、とおっしゃってました。その点この物件は、駅から徒歩5分ですし、近くに施設が充実しているので**利便性もバッチリ**ですよね、ちなみにご主人さんはどうですか？

↓反論解決ステップ４：価値観を満たす具体的な理由づけ

旦那さん　やっぱりリビングが広いところですかね、まぁ本当は20帖が理想でしたけど、18帖あれば十分です（自己説得）。

営業　そうですね！　ご主人さんにとって**広いリビングは、子どもの頃からの憧れ**でしたもんね（価値観を満たす具体的な理由）。

旦那さん　そうですね。そんなこと以前にお話ししましたね。

営業　はい。私も小さい頃同じだったので、とっても共感したのでよく覚えております。**「お友達の家が広くて羨ましかった」**とおっしゃってました。18帖もあれば、**お子様も喜んでお友達を家に呼べる**でしょうね！　あと、ご主人さんはリビングでお仕事もしたかったんですよね？（価値観を満たす具体的な理由）

旦那さん　はい、できますよね。18帖もあれば（自己説得）。

営業　そうですね。**一体感**でしたよね、ご家族との。仕事をしながら奥様をサポートができるし、**お子様と一緒に過ごす時間を大切にしたい**というご希望も叶いますよね。（価値観を満たす具体的な理由）

旦那さん　そうですね。

営業　他には、どんなところがよかったですか？

旦那さん　小学校が近いというのも大きいポイントですね（自己説得）。

営業　はい。終業式の日にたくさんの荷物を抱えて家まで帰るのに大変な思いをされたんですもんね。**お子様にも同じ大変な思いはさせたくない**ですよね……。

旦那さん　そうなんですよ。あれは本当に大変でした。

営業　何よりも**お子様の安全**のことも考えると小学校は近いに越したことはないですよね、最近怖い事件も多いし……。**お子様が安心して成長できる環境を整えたい**、というご主人さんの想いもこの物件は希望通りですね。（価値観を満たす

具体的な理由）

旦那さん　そうですね。

営業　リビングの隣に和室があることもお二人とも希望されてました。この物件はその点だけ希望通りではありませんが、総合的に見てどうですか？　この点について、優先順位は高いですか？

旦那さん　仕方ないかなーって感じですかね。惜しいですけど。なかなか完璧な物件はないもんな……。

営業　まあそうですね、完璧は難しいですけど、先ほど現地でご提案した、リビングに畳コーナーを作るという方法もあります。この物件のような広いリビングの場合、フローリングの上に3帖程の置き畳を敷いて畳コーナーとして使うことができます。こんな感じでした。（再度、画像を見せる）

奥さん　そうですよね！　こんな方法も良いですね！

営業　リビングが狭いと難しいですけどね、この物件であればこれができます。お子様が小さいうちはここでお昼寝もできますよね。

旦那さん　これでもいいよね。

奥さん　うん、全然いい。

営業　今後も物件は待てば限りなく出てきます。ただし、**お二人の価値観にここまでピッタリな物件**が今後も出てくるか？　となると話は違ってきます。

奥さん　そうだよね……どうする？

旦那さん　うん、俺は君がいいならいいよ。

営業　おぉ……ご主人素敵ですね、奥様が決めていいそうですよ。優しいですね、私もこの物件であれば、○○様ご家族が**快適で安心安全な暮らし**ができると自信を持ってお勧めいたします。

奥さん　じゃあ。はい、いいです。お願いします。

営業　ちなみに、ご契約時には必ず、こちらの物件に関して、「後でそんなこと聞いてなかった！」ってことがないように、細かく調査した内容を**重要事項説明書**として読み上げるのですが、当日その場で突然聞いても難しい言葉ばかりでパッと理解できないといけないので、「事前にメールで送ってほしい」というお客様が多いのですが、○○様も希望されますか？

旦那さん　はい、それはぜひ、事前に送ってほしいです。

営業　かしこまりました。それでは完成次第、メールにてお送りしますね。それでは準備を進めていきますので、ご契約日なのですが平日と土日とどちらがよろしいでしょうか？

↓選択のクロージングを再開

※『営業は台本が９割』（きずな出版）Ｐ２０７参照

あなた　質問です。お客さんが、何がネックなのか、聞いても教えてくれなかったらどうすればいいですか？

加賀田　ずばり、人間関係が構築できてないです。商談の前半に戻り、「４次元ヒアリング」をして、お客さんがどんなことを大事にしているか、つまりお客さんの価値観を理解することに集中してくださいね。

夢を見るように契約する

加賀田 実際はいくつもの反論が組み合わさっているので、こんなに単純ではないのですが、**価値観を満たす反論解決**、イメージつきました？

あなた はい！

加賀田 ちなみに、トップ営業はそもそも反論がないんです。

あなた へ？

加賀田　出てきた反論は、次の人の商談からトークの前半に入れておけばいいんです。めちゃくちゃトークが長くなると思われるかもしれませんが、顧客に合わせて変えてみてください。リリカル（叙情的）な表現を使うと、お客さんがまったく疑問もなく「夢を見るように契約する」が理想なのです。

あなた　わかりました。大きな買い物だから、「AにしようかBにしようか？」とお客さんが悩んだ時は無意識に「この商品サービスは自分が大事にしていること、つまり価値観を満たしているか？」が重要になるってことですね。人間関係構築から始まって、反論解決のステップまで、お客さんの「価値観を満たす価値提供」をやってみます！

ステップ5のまとめ アクションプラン

☑ 台本営業®フレームワーク⑱ 反論解決「4ステップ」

☑ 台本営業®ワークシート⑫ 断りを質問に置き換えよう

☑ ×ダメ営業：すぐ受け入れて後日検討か、すぐ反論

☑ △普通の営業：議論する。正論であるがムカつく

☑ ○トップ営業：価値観を満たして解決

あとがき

大阪の研修で駅の地下の階段から地上に出たところに、ホームレスの方がいました。まだ30代ぐらいだったでしょうか。一度は通りすぎたのですが、戻ってお札をタッパに入れました。小銭が1、2枚入っていました。善行をしているというよりも、自分の日々の行いが浄化されるようなそんな気がしたのです。「ありがとう」と言ってくれるのかと思ったのですが、虚《うつ》ろな目をして、どこか遠くを見ていました。無言でした。

先日、台本営業®営業セミナーに参加された大分の不動産・リフォーム会社の社長さんからお電話をいただきました。「12億円まで落ち込んだ売上が、台本営業®研修を受けた後に約20億円まで回復して、無事良い決算を迎えることができました！」と喜びの声。

「思い返せば、従業員がまったく契約が取れない。喫茶店で「どうしたらいいのか？」と独り悩んでいたことがよくありました。でも、台本営業®メソッドに出会い、お客さんの価値観を満たす価値提供する営業台本を作成して実践した今年は、なんと違うことか。営業効率が飛躍的に上がり、売上が大きく回復しました！」

このように、ほんの小さなきっかけから、大きく営業力をアップし、人生を、会社を変えることがあります。

台本営業®メソッドを知った今、あなたには2つの選択肢があります。

1つ目は、「参考にはなったけど、どうやって使えるかはあとで考えよう」と、しばらく時間をおき、そして忘れてしまう……。

2つ目は、今この瞬間から「できるところから、やってみよう！」と、最初の小さな一歩を踏み出すことです。

当たり前ですが、ただ念じていても人生はまったく変わりません。「行動が行動を呼び、行動が成長を加速し、成長が成功をもたらす」。「価値観を満たす価値提供」、どこからでも良いので実践していただけると嬉しいです。

営業トークの開発にご協力いただいた皆様、ミリオンセールスアカデミー®のクライアントの皆様には、深くお礼申し上げます。さらにメソッドに磨きをかけて、結果でお返しいたします。

そして最後までお読みいただいたあなた、ありがとうございます。

営業台本は完成した時点で「死んで」います。競合もバカではないので進歩します。お客さんも変われば、時代も変わります。毎日毎日、一瞬一瞬、ブラッシュアップすることで、触れれば切れる「生きた台本」になるのです。一緒に営業台本を改善し続けましょう。

ミリオンセールスアカデミー®は、良い商品サービスをお持ちなのに営業が苦手で苦しんでいるあなた、営業教育で悩んでいるあなたに、最新の購買心理の「型」を活用した「本物の」営業台本で自然にお客さんの「欲しい！」を引き出し成約率80％！　営業力を上げることであなたの人生を変える！　会社を成長させる！　ことをミッション（天命・使命）としております。

私はあなたの味方です。

あなたにいつかちょくせつお会いできるその時を、楽しみにしております。

【参考文献・映画】

◉『営業は台本が9割』（加賀田裕之）

◉『図解でよくわかる！　営業は台本が9割』（加賀田裕之）

◉『SIX MENTAL READING』（加賀田裕之）

◉『マーケティング発想法』（セオドア・レビット）

◉『WHYから始めよ！　インスパイア型リーダーはここが違う』（サイモン・シネック）

◉『男はつらいよ　拝啓 車 寅次郎様』（1994年・松竹）

◉『すべての男は消耗品である』（村上龍）

◉『プレミアム戦略』（遠藤功）

◉『USJを劇的に変えたたった1つの考え方』（森岡毅）

◉『コンセプトの教科書 あたらしい価値のつくりかた』（細田高広）

著者略歴

加賀田裕之（かがた・ひろゆき）

1969年生まれ。台本営業®コンサルタント。

ホームメンターズ株式会社代表取締役社長。ミリオンセールスアカデミー®代表。高橋巖先生に師事、シュタイナーを探究。

明治大学法学部卒業後、体育会系の営業会社にて高額商材のセールスマンとなるが、まったく売れず、250万円の自社商材を自分で購入するほど追い込まれる。「もう辞めるしかないな」と思ったときに、トップセールスから営業の極意を伝授され、人生を逆転。その後はみるみるうちに売れるようになり、100億円企業の営業マネジャーとして、部下20名のチームを連続優勝させ、新規事業部の責任者に任命。初年度年商１億円を達成。その後、IT事業会社で、部下約100名、年商25億円の事業会社の事業部長として結果を出す。口下手、人見知り、営業が苦手の方でも自然にお客様の「欲しい！」を引き出す営業スキルをお伝えしたい、と独立。独自の「台本営業®」メソッドは朝日新聞などで紹介。13年苦しんだ対人恐怖症営業マンが、セミナー受講後、前月比500％の契約獲得、元キャバ嬢でも歩合給が月に300万円以上になるなど、「モンスター営業マン製造工場」の異名をとる。著書に『営業は台本が９割』『図解でよくわかる！営業は台本が９割』『トップ営業が密かにやっている最強の会話術 SIX MENTAL READING』（きずな出版）がある。

◎公式ホームページ
ミリオンセールスアカデミー®　https://million-sales.com/

成約率80%！
トップセールスの
「価値観営業」メソッド

2025年3月4日　第1刷発行

［著者］　加賀田裕之
［発行者］　櫻井秀勲
［発行所］　きずな出版
東京都新宿区白銀町1-13　〒162-0816
電話03-3260-0391　振替00160-2-633551
https://www.kizuna-pub.jp/
［印刷・製本］　モリモト印刷

［装丁］　井上新八
［本文デザイン］　五十嵐好明（LUNATIC）
［カバーイラスト］　iStock.com/wakashi1515
［本文イラスト］　たきれい

ISBN978-4-86663-269-8

きずな出版

加賀田裕之の営業本

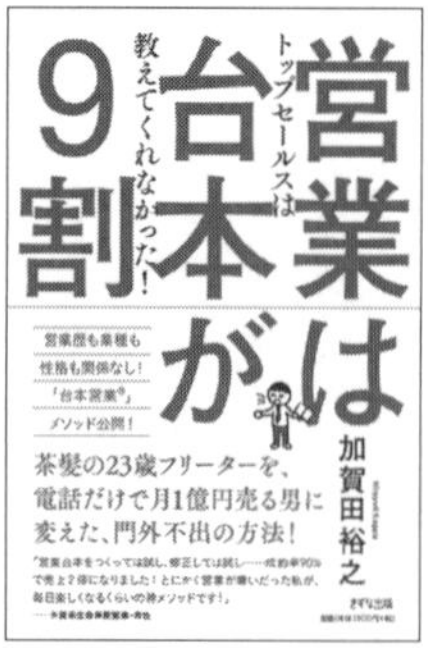

営業は台本が9割

ISBN978-4-86663-099-1
本体価格1500円

営業は体系的に学ぶことで驚くほど結果を出せる！　購買心理を活用した、お客様の「欲しい！」を引き出す「営業台本」で成約率が劇的に上昇！　確実に売り上げが伸びる「台本営業」の作り方。

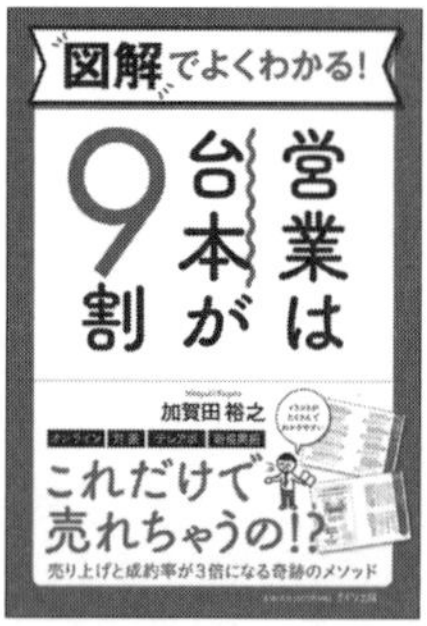

図解でよくわかる！
営業は台本が9割

ISBN978-4-86663-176-9
本体価格1500円

営業本のロングセラーが、見てわかるようになりました！　営業歴も、業種も、正確も関係なし！「誰でも再現可能」な営業メソッドが、あなたの売り上げと成約率を3倍にする！

トップ営業が密かにやっている
最強の会話術
SIX MENTAL READING

ISBN978-4-86663-205-6
本体価格1500円

「会話が苦手な人は、まずこの本を読んでほしい」田村淳氏推薦！　人間関係に悩むあなたへ。相手の深層心理をつかみ、お互いを理解できるようになるコミュニケーション術！